Books should be returned on or before the last date stamped below.

24 OCT 1985
22 NOV 1985
29. DEC. 1986
06. MAR 96
15. 96

ABERDEENSHIRE LIBRARY & INFORMATION SERVICES
WITHDRAWN FROM LIBRARY

NORTH EAST of SCOTLAND LIBRARY SERVICE
14 Crown Terrace, Aberdeen

Ten northeast
poets / edited
and introduced
X2

981585

1950

Ten Northeast Poets

Other AUP titles

THE CONCISE SCOTS DICTIONARY
A comprehensive one-volume dictionary of the Scots Language from the 12th century to the present day
editor-in-chief Mairi Robinson

GRAMPIAN HAIRST
an anthology of Northeast prose
edited by William Donaldson and Douglas Young

DAVID RORIE Poems and Prose
edited by William Donaldson

THE LUM HAT AND OTHER STORIES
last tales of Violet Jacob
edited by Ronald Garden

LITERATURE OF THE NORTH
edited by David Hewitt and Michael Spiller

TEN MODERN SCOTTISH NOVELS
Isobel Murray and Bob Tait

A BLASPHEMER AND REFORMER
a study of James Leslie Mitchell/Lewis Grassic Gibbon
William K Malcolm

HAMEWITH
the complete poems of Charles Murray

POEMS *of J C Milne*

POEMS OF THE SCOTTISH HILLS
an anthology
selected by Hamish Brown

SPEAK TO THE HILLS
an anthology of twentieth century British and Irish mountain poetry
selected by Hamish Brown and Martyn Berry

Ten Northeast Poets

edited and introduced by
LESLIE W WHEELER

foreword by
JAMES A D MICHIE

ABERDEEN UNIVERSITY PRESS

First published 1985
Aberdeen University Press
A member of the Pergamon Group

© The David Rorie Society 1985

British Library Cataloguing in Publication Data

Ten northeast poets: an anthology
1. English poetry—Scottish authors 2. English poetry—Scotland—Grampian Region—20th century
I. Wheeler, Leslie J.
821'.8'08094121 PR8657

ISBN 0-08-032430-4
ISBN 0-08-032431-2 Pbk

Ten northeast
poets / edited
and introduced
X2

981585

PRINTED IN GREAT BRITAIN
THE UNIVERSITY PRESS
ABERDEEN

In memory of May Thomson

Foreword

Ten North-East Poets is the third publication undertaken by the David Rorie Society since 1982 in honour of those gifted men and women who found their inspiration among their ain folk and expressed their feelings in the strong, emotive, forceful Doric which has matched so peerlessly the character and spirit both of the people and the land over countless generations.

We, The Society, were aware that many earlier publications had gone out of print and that much that was good and worthwhile might not again find the light of day. We decided, therefore, to give some of the older gems a new setting and also to bring together choice 'shakin's fae the pyokie' of those whose works are still available to us.

We are here not concerned to breathe life into a language and literature that some may believe to be moribund. On the contrary, our wish is to preserve and to enhance our heritage through the medium of the language our forefathers crafted for us and through which they expressed in their own typical and peculiar way their attitudes and reactions to the human condition. Our poets and poetesses not only have mastery of their native tongue but have also been blessed with the eye and the soul of the seer and have painted for us vivid pictures, some large scale, some in cameo form, of life as it was but even more so as it will be as long as time shall run. Land, sea and sky, the rhythm of the seasons, the endless cycle of birth, life and death are their themes all developed and illumined at their poetic hand.

We commend this volume to one and all, but especially to the young, who are our inheritors as well as the future guarantors of the land, language and lore that made them. May they have pleasure in what is set before them.

James A D Michie
President
The David Rorie Society

Contents

FLORA GARRY

VIOLET JACOB

JOHN C MILNE

CHARLES MURRAY

DAVID RORIE

Acknowledgements

The David Rorie Society would like to record their grateful thanks to the following for permission to reprint copyright material:

Mrs Katharine Elliot-Burns for poems by J M Caie

The poems of Helen B Cruickshank are reproduced by kind permission of Gordon Wright Publishing Ltd

Mrs Elsie Diack for poems by Hunter Diack

Mrs Marjorie Lingen-Hutton and Oliver & Boyd Ltd for poems by Violet Jacob

Mrs John C Milne and Aberdeen University Press for poems by the late J C Milne

The Trustees of the Charles Murray Memorial Trust and Aberdeen Universty Press for poems by Charles Murray

The David Rorie Society and Aberdeen University Press for poems by David Rorie

Mrs Isobel Wilson and Mrs Eiluned McNabb for poems by Mary Symon

Every effort has been made by the Society to locate the Copyright holder to the poems of Marion Angus. The Society would welcome informaton on this matter in order that proper acknowledgement may be made.

Introduction

When the David Rorie Society was formed, among its stated aims was to support and promote local literature and also to foster interest in the vernacular among young folk and old through the publication of worthwhile poetry and prose. This anthology is another step along that road.

In this volume I have tried to gather together a representative sample of the popular verse of ten poets who were of a common era and were closely linked geographically with the Northeast of Scotland, which, in this case, takes us from the Howe of the Mearns to the shores of the Moray Firth. The poetry reflects the great differences that existed, and, indeed, still exist, in life and language, between areas which are geographical neighbours within the region.

There is no John Barbour and no Alistair Mackie—that was not my remit. The poets were chosen because their work reflects the 'first fruits' of the great agricultural revolution that swept the Northeast in the nineteenth century. Coupled with equally important commercial and industrial developments and the complete transformation of all forms of communication, this period saw the most rapid change on the face of the land and on the lives of the people that had ever been witnessed. Out of the barren Northeast a fertile, fruitful farmland was wrenched. Life for all people changed beyond all recognition and with mechanisation—much of it still primitive by today's standards—came a new philosophy, a new lexicon of words to be learned and cherished and a new radical approach to education had to be found

These changes did not just happen overnight—it was a long drawn-out process: on isolated farms new revolutionary ideas were tried, word spread, doubts dispersed, men learned and slowly the land and its people adapted to the changes. The poetry in this volume reflects the results of those challenging times: times which were mirrored in a rich harvest of vernacular verse.

To many students of Northeast verse most of what appears will be familiar, but we must not forget that many young people today, and not a few mature ones, are not acquainted with these verses, if for no other reason than that many of the poems have for long been out of print or have been available only in limited editions. It is one of the hopes of the David Rorie Society that this volume will find itself in the hands of the young and make them aware of the richness and variety of the poetry and language that is their inheritance.

It is to be hoped that more mature readers will also find a great deal that is pleasurable in the book—rediscovering old friends, making new ones and being motivated to seek out further examples of the work of the poets who make up the volume.

Although certain poems chose themselves by virtue of their obvious popularity selection was a far more difficult task than that originally envisaged. It is an unenviable experience having to omit one poem to admit another—and in the end, when one is charged with the sin of omission, one has little defence other than to say that in the end personal preference was the only yardstick available.

The great joy of compiling the anthology was in re-reading the work of so many accomplished poets and making fresh discoveries as to the full extent of their talent and the real magnitude of their achievement both in the stylistic range of their verse and, perhaps more importantly, their consummate facility with language. The anthology's main concern has been with vernacular poetry but I have included a variety of pieces in English because I felt that that particular medium best conveyed what they wanted to say. The poet who writes in Scots has one great advantage over his colleague who writes only in English because he has a far greater vocabulary and breadth of expression at his command: not only does he have the full resources of English (a language with both northern and southern forms) but he has in addition the whole resources of the vernacular. It is no exaggeration to say the poets in this anthology represent the linguistically most important part of Lowland Scotland.

In the preparation of this volume I am greatly indebted to a number of friends and colleagues within the David Rorie Society: James Michie, President of the Society and Director of Education for Grampian Region; Ronald Garden, editor of *The Lum Hat and other stories* by Violet Jacob; Dr Cuthbert Graham, formerly of *Aberdeen Journals;* and Charles King, Convener of the David Rorie Society. I would also like to express my thanks to Maurice Fleming, editor of *The Scots Magazine;* Mrs J Selbie of Dunecht; Miss Margaret Morrison for invaluable help with the typing of the manuscript; the staff of the Local Collection of Aberdeen Public Library and the many others whose assistance was so readily given. In particular, I should like to express my personal thanks and record my great debt to Dr Ian Olson, the Society's Secretary and Treasurer and to Dr William Donaldson, General Editor of the Society, whose sound advice and constructive criticism were greatly appreciated and served to curb my wilder excesses. Nonetheless, responsibility for the final selection, opinions expressed and for any errors and omissions, rests with the editor.

Leslie W Wheeler

Marion Angus (1866-1946)

Marion Angus was born in Aberdeen in 1866 but she spent her early years in Arbroath where her father was a minister. She did not start writing poetry until she was in her fifties and her chosen dialect was usually that of Angus although in her later years she returned to live in Aberdeen and the tone of that city made its presence felt in her verse. Her work was widely published and she was a contributor to Hugh MacDiarmid's 'Northern Numbers' which he published from Montrose between 1920 and 1923. Many of her poems are set in Deeside, an area with which she felt a great affinity, and setting and location were often vital ingredients in her more mystical and atmospheric verse.

She found inspiration not only in her local countryside and its people, although they were an important, if not essential, feature of her verse, but went back to the days of the story-telling minstrels and the great European ballad tradition to give her poetry vigorous and dramatic roots. Few poets were more immersed in the ballad tradition than Marion Angus. With her we enter a netherworld that is at once bizarre and frightening and yet, paradoxically, terrifyingly attractive.

We can recognise all the hallmarks of the ballad in her work: the simplicity of the form opening up a complex world—a world where man and woman are at the mercy of incomprehensible forces. Seemingly everyday situations are taken out of our world by events over which we appear to have no control and where age-old signs and symbols chart the way.

Not that she slavishly follows the old ballad style and vocabulary: she is no mere copyist. She realised new situations and invested them with a new and vital imagery and symbolism which skilfully created verse of great poignancy, and such was her talent and skill that we immediately feel we are in familiar, if highly charged, territory. Whether she is writing in Scots or English her poems create that same aura of unease that the great ballads produce and a sense of belonging to an age and land where all languages are reduced to one.

Her last book of verse, *Lost Country and Other Verses,* was published in 1937 and she died in Aberdeen in 1946. Perhaps we might argue that she did not explore fully the other facets of life, the lighter, humorous moments, too often in her verse, but that was not her chosen path. In Marion Angus's best verse she travelled along an old, well-trodden track, but in doing so she offered originality of imagination and considerable sophistication to an old art form and provided worthy companions for the knights, ladies, hounds and hawks who had wandered that eerie, candle-lit road in the past.

THE TINKER'S ROAD

The broon burn's speerin',
Frettin' a' the wye
'What gars ye gang
Auld Tinker's Road,
Whaur there's naither fouk nor kye,

Kirk nor croft nor mill,
A'thing lane and still?'
But it's aye 'Haud on'
Wi' the Tinker's Road
Fur the far side o' the hill.

Stannin' stanes gloomin',
Grim an' straucht an' dour —
'An unco place for a Tinker's Road
On sic a ghaist-rid moor!'

Ghaist or witch or deil,
Stanes o' dule an' ill,
It's aye 'Hing in'
Wi' the Tinker's Road
Fur the far side o' the hill.

The black thorn's maenin',
'O rauch winds, let me be!
Atween ye a'
Ye've brak ma he'rt,
An' syne I canna dee!'

Weerin' til a threid,
Smoored wi' mosses reid,
The soople road wins ower the tap
An' tak's nor tent nor heed.

The muir-cock's crawin;
'I ken a dowie bed
Far ben in a nameless glen
Wi lady breckan spread,'

Whaur dreepin' watters fill
The bonnie green mools intil,
The Tinker's Road maun sough awa'
At the far side o' the hill.

MARION ANGUS

THE SEAWARD TOON

Gin ye hadna barred yer painted door
Fur dreid o' the dreepin' mists,
Ye might hae h'ard the news gang by
That blaws as the wind lists.

Better hae spun wi' a gowden threid
By the grey ash o' the peat,
Than woven yer sorra's weary web,
Cauld as a shroodin' sheet,

Moornin' aye for the seaward toon,
Lapt roond wi' the hungry wave,
Wi' ilka ruint stane a wound,
An ilka yaird a grave.

Gin ye hadna steekit sae fast yer door
Wi' heid an he'rt fu' hie,
A lily bud for a fair breist-knot
An' a sprig o' the rosemarie,

Ower the bent, an' ower the bent
Ayont the blawing sand,
Yer fit wad hae fint a seaward toon
Ne'er biggit by mortal hand,

Wi' a glimmer an' lowe fae shinin' panes,
An' the stir o' eident feet,
A'thing hapt in a droosy air
That's naither cauld ncr heat.

Thir's ane that cries sae clear and sweet
Three names baith kin an' kind,
Marget, Maud'lin, Lizabeth,
Far ben a quaiet wynd.

Gin ye hadna steekit yer painted door
Ere the licht o' day was dune,
Ye micht hae h'ard the Host gang by
Ower this braw Seaward Toon

THE DROVE ROAD

It's a dark hill-track over grey Culblean
  Though light on the rocks may glisten,
The lonesomest road that ever was seen,
  But the old folks say — if you listen —

You may hear the tread and the march of the dead
  (The young folks know the story),
Of the wild hill-men that came out of the glen,
  Fierce for battle and glory.

And they tell how at dawning on dark Culblean
  You may hear the slogan ringing
Where clansmen and foe in the moss below
  Sleep sound — to the brown burn's singing.

I hear no tread of the wild hill-men
  Nor slogan at dawning pealing,
Only the tune of the brown burn's croon
  And a breeze on the bracken stealing.

I wish I were hearing Wat Gordon cry
On his collie 'Jock', as the herd goes by
On the lonesome track above dark Culblean
The blithest days are the days that have been.

The laugh and the cry
  And the blue eye's glisten —
Never more, never more, and the years go by,
  Yet . . . listen!

BY CANDLE—LIGHT

Mary Forbes weaves in the candle light
When the straw is stacked in the barn.
Round and about her fingers slim
She twists the fleecy yarn —
  The candle-light — the candle-light —
And the shadows on the floor
And the wrinkled leaves of the rowan-bush
  A-rustling beyond the door.

'Now, what is't you think on,
My yellow-haired lad,
With your fiddle upon your knee?'
'On the days when I counted the lambs, mother,
By the bonnie green links o' Dee.' —
  By candle-light — the candle-light —
And a wind that sparks the peat
And a sleety rain, on the window pane,
  Like the patter o' birdies' feet.

'Come play me "Whaur Gowdie rins", my son,
Or a reel with a heartsome tune.'
But he minds how he danced at the Castleton
In the long clear gloamings o' June —
  The candle-light — the candle-light —
And the lass with the tawny shoon,
That danced with him at the Castleton
  In the silver shine of the moon.

Mary Forbes weaves in the candle-light;
Her fiddler plays in the gloom.
The dowiest airs in all the world
Trail round and about the room,
And Mary blesses the candle-light —
  The witchin', watchin' flame
The eerie night and the candle-light
  That keeps her bairn at hame.

FAIRY TALES

Ye tell me o' the Guid Folk
Aneth the hills o' whin,
Wha ne'er hae grat for sorrow
Nor yet hae tasted sin;

Wi' een like lichted candles,
Ahint their laigh doors
Weavin' silken mantles
O' the rose and lily floors.

Strange folk and sorrowless
Their een as clear as glass —
But I hae seen a bonny licht
In the face o' a Gipsy lass,

As she slippit aff her shou'der
The plaid sae thin and auld
And hapt it roond her nameless bairn
Agin the winter's cauld.

THE FAITHFUL HEART

There cam' a man from Brig o' Feugh,
Whaur I was wind and young;
I kent him by his heather step
And the turn upon his tongue

He spak o' crofters on the hill,
The shepherds from the fauld,
Simmers wi' the flourish sweet,
Winters dour and cauld;

O' this guid man and that guid wife
Aince lads and lasses brave,
Hoo ane still whustles at the ploo'
And ane is in his grave;

O' them that's ower the faemy seas,
And them that bides at hame,
But I socht nae news o' my auld love
Nor named her bonnie name.

THE BLUE BOAT

A laddie his lane frae morn till nicht —
But I wad be hame by can'el-licht.
Siller eneuch hid I tae spare,
For a wee blue boat frae the Mairket Fair.

I bocht a brooch wi' a siller pin
A kerchief for tyin' anaith ma chin;
A' the lave o' the money went
Tae the fortune wife in the gipsy tent.

The Corbie Burn's ayont the Dee —
Wi' cauld white lips it girned at me;
The witch frae oot o' the ha'thorn luikt,
Wi' a her ten black fingers crookt.

The fouk that bides in the Deid Man's Cairn
They chittered, chittered amang the fern:
'Here cam's the maid that hadna' a groat
Tae buy a wee laddie a wee blue boat.'

Ma brooch lies deep in the Corbie Linn,
Ma kerchief I gi'ed tae the thornie whin.
O' Laddie alane frae morn till nicht,
I daurna' face the can'el-licht.

WINTER-TIME

Monday, at the gloamin',
  I saw a reid reid lowe,
Whaur tinker fouk will ne'er set fit,
  Far ben in the ghaisty howe;
And yon that gaed ahint me
  Was nae sheda o' my ain.
It's eerie fa' the nichts
Aifter Marti'mas is gane.

Twa e'en as bleck as howlets,
  A week past Marti'mas,
Glowered ower the new-lit can'els
  Frae oot the luikin' glass;
And Three cam' creepin' doon the loan
  On Thursday in the mirk,
Whase shoon was wrocht in yon far toon
  That ne'er had Cross nor kirk.

I hard the elfin pipers
  Sae witchin', sweet an' sma'
On Sabbath wi' the warld asleep;
  They wiled my hert awa'.
They stilled the soughin' o' the burn —
  O, tae a lanesome lass
There's eerie freits on ilka road,
  When bye is Marti'mas.

WEE JOCK TODD

The King cam' drivin' through the toon,
Slae and stately through the toon;
He bo'ed tae left, he bo'ed tae richt,
An' we bo'ed back as weel we micht;
But wee Jock Todd he couldna bide,
He was daft tae be doon at the waterside;
Sae he up an' waved his fishin' rod —
        Och, wee Jock Todd!

But in the quaiet hoor o' dreams,
The lang street streekit wi' pale moonbeams,
Wee Jock Todd cam' ridin' doon,
Slae an' solemn through the toon,
He bo'ed tae left, he bo'ed tae richt
(It maun ha'e been a bonnie sicht)
An' the King cam' runnin' — he couldna bide —
He was mad tae be doon at the waterside;
Sae he up wi' his rod and gaed a nod
        Tae wee Jock Todd.

ALAS! POOR QUEEN

She was skilled in music and the dance
And the old arts of love
At the court of the poisoned rose
And the perfumed glove,
And gave her beautiful hand
To the pale Dauphin
A triple crown to win —
And she loved little dogs
        And parrots
    And red-legged partridges
And the golden fishes of the Duc de Guise
And a pigeon with a blue ruff
She had from Monsieur d'Elboeuf.

Master John Knox was no friend to her;
She spoke him soft and kind,
Her honeyed words were Satan's lure
The unwary soul to bind.
'Good sir, doth a lissome shape
And a comely face
Offend your God His Grace
When Wisdom maketh these
Golden fishes of the Duc de Guise?'

She rode through Liddesdale with a song;
'Yer streams sae wondrous strang,
Oh, mak' me a wrack as I come back
But spare me as I gang.'
While a hill-bird cried and cried
Like a spirit lost
By the grey storm-wind tost.

Consider the way she had to go,
Think of the hungry snare,
The net she herself had woven,
Aware or unaware,
Of the dancing feet grown still,
The blinded eyes. —
Queens should be cold and wise,
And she loved little things,
        Parrots
    And red-legged partridges
And the golden fishes of the Duc de Guise
And the pigeon with the blue ruff
She had from Monsieur d'Elboeuf.

JOAN THE MAID

Joan, Joan, the bonnie maid,
She rinses claes in the cauld mill-lade,
Strong i' the airm and straucht i' the thigh,
To kirn and weave and herd the kye,
By day on the croft by the waterside;
But, come the nicht and I hear her ride.

On a milk white horse in siller shoon,
She rides to Embro', Embro' toon
Amang the reid-coats ower the muir,
Wi' her gowden hair and her he'rt sae pure.

Up to the yett o' the castle wa'
Whaur bolts and bars afore her fa',
Wi' step sae licht and cheek sae reid
Tae lay a croon on a prince's heid.

O gin they tak frae ye yer sword
And bind yer briest wi' a hempen cord,
Frae the fiery whin and the flamin' sark
Yer soul wull moont like a liltin' lark;
Joan, o' the croft by the waterside —
What ails me that I hear ye ride?

THE FOX'S SKIN

When the wark's a' dune and the world's a' still,
And whaups are swoopin' across the hill,
And mither stands cryin', 'Bairns, come ben,'
It's the time for the Hame o' the Pictish Men.

A sorrowfu' wind gaes up and doon,
An' me my lane in the licht o' the moon,
Gaitherin' a bunch o' the floorin' whin,
Wi my auld fur collar hapt roon ma chin.

A star is shining on Morven Glen —
It shines on the Hame o' the Pictish Men.
Hither and yont their dust is blown.
But there's ane o' them keekin' ahint yon stone.

His queer auld face is wrinkled and riven,
Like a raggedy leaf, sae drookit and driven.
There's nocht to be feared at his ancient ways,
For this is a' that iver he says:

'The same auld wind at its weary cry:
The blin'-faced moon in the misty sky;
A thoosand years o' clood and flame,
An' a'things the same an' aye the same —
The lass is the same in the fox's skin,
Gaitherin' the bloom o' the floorin' whin.

THE GRACELESS LOON

As I gaed east by Tarland toun
I heard a singin' neath the mune;
A lass sang in a milk-white goon
  Aneath a ha'thorn-tree.
The sma' green trees bowed doon til her;
The blooms they made a croon til her;
I was a graceless loon til her,
  She frooned and scorned at me.

As I gaed east thro' Tarland toun
There came an auld wife, bent and dune,
Speirin' at me to sit me doon
  In her wee hoose up the Wynd
And wile awa' the nicht wi' her,
The weary candle-licht wi' her;
A bairn's een was a sicht til her,
  An' auld folks he'rts is kind.

Fu' mony a year o' sun and rain,
An' I'm for Tarland toun again,
Wi' drift upon a cauld hearth-stane
  An' a wind gaen thro' the Wynd.
O, lass, tho' a' yer sangs be dune,
Ower leafless thorn aye hangs the mune;
Turn ye until yer graceless loon
  Gin ye've grown auld and kind.

THE SANG

The auld fouks praised his glancin' e'en,
Tae ilka bairn he was a frien',
A likelier lad ye wadna see,
Bit — he was nae the lad fur me.

He brocht me troots frae lochans clear,
A skep o' bees, a skin o' deer;
There's nane s'uld tak' wha canna gie,
An' he was nae the lad fur me.

He luiket aince, he luiket lang,
He pit his hert-brak in a sang;
He heard the soondin' o' the sea,
An' a wis bye wi' him an' me.

The tune gaed soughin' thro' the air,
The shepherds sang't at Lammas fair,
It ran ower a' the braes o' Dee,
The bonnie sang he made fur me.

Sae lang 'twill last as mithers croon
And sweethert's seek the simmer's moon;
Oh, I'hae gaen wha wadna gie,
For it s'all live when I maun dee.

MARION ANGUS

IN A LITTLE OLD TOWN

The haar creeps landward from the sea,
The laigh sun's settin' reid.
Wha's are the bairns that dance fu late
On the auld shore-heid?

Wi linkit hands and soople feet.
Slae turnin' in a ring,
Even on and even on
They sing and better sing.

'In gangs she' and 'Oot gangs she',
Their steps noo lood, noo saft,
Witless words to an eerie tune,
Sae solemn and sae daft.

And come they from the Windy Wynds
Or oot o' the years lang deid,
I harken wi' a stounin' he'rt
On the auld shore-heid.

THE SILVER CITY

Yonder she sits beside the tranquil Dee,
Kindly yet cold, respectable and wise,
Sharp-tongued though civil, with wide-open eyes,
Dreaming of hills, yet urgent for the sea;
And still and on, she has her vanity,
Wears her grey mantle with a certain grace,
While sometimes there are roses on her face
To sweeten too austere simplicity.

She never taught her children fairy lore,
Yet they must go a-seeking crocks of gold
Afar throughout the earth;
And when their treasure in her lap they pour,
Her hands upon her knee do primly fold;
She smiles complacent that she gave them birth.

John Morrison Caie (1879-1949)

J M Caie was born in Banchory-Devenick on 26 August 1879 the son of a Banffshire parish minister and it is difficult to imagine anyone better qualified to write poetry that has farming as one of its central themes. He was brought up on a farm in the parish of Enzie where his father was the minister. Educated at Milne's Institute, Fochabers, he entered Aberdeen University and the North of Scotland College of Agriculture taking, successively, degrees of MA, BL and BSc (Agr.). He served for three years with a legal firm in Aberdeen until in 1905 he was appointed a county instructor in agriculture under the Department of Agriculture in Ireland.

Three years later he returned to Scotland and acted as a district lecturer for the Edinburgh and East of Scotland College of Agriculture before joining the Board of Agriculture for Scotland on its formation in 1912. It was with the Board he was to devote the rest of his working life, the culmination of which came in 1939 when he was apointed its Deputy Secretary. He was made a Companion of the Bath in 1943 and was awarded an honorary LLD by Aberdeen University the year of his retirement. He died in Aberdeen on 22 December 1949 having given a lifetime's service to Scottish agriculture and added considerable enrichment to the canon of Scottish verse.

He published two volumes of poetry during his life, *The Kindly North* and *'Twixt Hills and Sea*, and was in great demand as a public speaker. Sir Herbert Grierson called him, 'the best after-dinner speaker in Edinburgh'. The wit, humour and sound common sense that had marked his speeches is often apparent in his poetry and in his Doric verse his main point of focus was farming life in all its aspects. His verse is testament to the fact that he ever retained his love for the language and life of the land.

He exhibits an obvious familiarity with the bothy ballads of the Northeast and his work frequently shows the same grasp of the harsh realities of farm life. The grimmness of the labourers' condition, coupled often with the employers' cruel disregard for human dignity, is often demonstrated, though, occasionally, tempered by a healthy wit and ready humour. The farm-servant is given his due respect and none more so than that admired aristocrat of the ferm-toun—the plooman. In 'Sair Wark's Nae Easy', for example, we are presented with an intensely graphic, but never sentimental, account of the farming year as seen through the eyes of one responsible for doing the work.

Surprisingly, for a great many people J M Caie's reputation as a poet tends to rest on that minor masterpiece on the deflation of the pompous, 'The Puddock'. Yet in countless other poems he was to demonstrate a sound technique and a total command of dialect that only the most gifted of poets possess.

JOHN M CAIE

SAIR WARK'S NAE EASY

Doon at Nether Dallachy
  There's neither watch nor knock,
But denner time an' supper time,
  An' aye yoke, yoke.

It's hingin' in, aye hingin' in,
  A' day fae sax tae sax,
The de'il a meenit div ye get
  Tae gi'e yersel' a rax.

In winter time it's ploin' ley
  Or anse it's cain' muck
Or neeps tae ser' the byllie's nowt,
  Or thrashin' a bit ruck.

The stem-mull at a neep'rin toon
  Is shortsome, but it's sair —
A fraucht o' barley's nae that licht
  Tae shouther up a stair.

But files there'll be a bonny ploy
  Fan lassies tramp the soo,
An' filies tee an anterin dram
  For sweelin' doon the stew.

Syne roon again comes shaavin' time
  Wi' grubber, roller, harra —
Tae haud fowk oot o' langer, dod,
  The hairst's its only marra.

Ye're skilpin' on throu' steens an' stoor
  Until ye've fir't yer feet,
An' aye the grieve is girnin', 'Jock,
  Hing in, ye dozy breet.'

Syne birze an' scraap an' birze again,
  Fan neeps came tae the hyow;
Yon foreman chiel, he's sic a de'il
  For hashin', hashin' throu',

Yer back may crack, it doesna mak',
  Ye be tae ca awa' —
Sae fa's wyte is't ye canna wale
  The big anes fae the sma'?

An' neist ye're ootbye at the moss
  Tae cast the winter's peat:
A fusome, clorty business gin
  The lair be saft an' weet.

Ye've syne the hey tae tak' aboot,
  An' gin the wither's shoory
It's nesty, scuttery kin' o' wark,
  An' fan it's dry it's stoory.

The hairst'! My certies, thon's the job
  Tae gar ye pech an' swyte,
An' gin ye fa' ahin the lave
  The grieve gyangs fairly gyte.

It's fine, nae doot, tae hurl aboot
  For him that ca's the reaper,
But nae sae fine tae bin' an' stook
  Aside a forcey neeper.

Fae morn tae nicht there's nae devaal
  Fae trauchlin aye an' tyaavin,
Ye've hardly time tae cla' yersel'
  Fan yoky wi' a yaavin.

It's boo an' lift an' boo again
  Until ye're like tae drap,
An' maybe files ye'll ha'e tae scythe
  A laid an' tousled crap.

A weel, at lang length clyak comes,
  Ye've stook't the hinmost rig;
The warst o't's bye, but still an' on
  It's a' tae fork an' big.

There's eident days, an' forenichts tee
  Aneth a muckle meen
Afore ye've gotten winter an'
  Anither hairst is deen.

Dod, man, it's gran' tae see the rucks
  Straucht stanin' an' weel-shapit:
Ye've deen yer darg an' there it is
  A' thackit braw an' rapit.

Bit hear the grieve: 'Ye glaikit gype,
  There's nae time tae be lost;
Awa' an' get the tatties up
  An' happit fae the frost.'

Or lang ye're at the ploo again,
  Sae roon the sizzens rin,
An' aye by tearin' oot the life
  Ye try tae haud it in.

Doon at Nether Dallachy
  There's neither watch nor knock,
But denner time an' supper time,
  An' aye yoke, yoke.

THE PLOO

A bonnie pair o' horse,
Steppin' slaw,
Strainin' at the theets
As they draw
The aul' lang-stilted ploo
Throu' the sod,
That turns sae smooth an' canny
Aff the brod,
Shinin' hazel broon
I' the sun,
Happin' weel the girss
I' the grun;
Geordie, grippin' siccar,
Aye wi' care,
Haudin' the lang furrows
Straucht an' fair;
Fite gulls fleein' skraichin'
In ahin
Fite cloods, hine up, driftin'
Wi' the win';

Dod, man, gin the knack o't
I but kent,
Thon's the braw bit picter
I wad pent.

SNAW

Snaw,
Dingin on slaw,
Quait, quait, for nae win's blaw,
Haps up bonnily the frost-grippit lan'.
Quait, quait, the bare trees stan',
Raisin' caul' fingers tae the deid, leiden lift,
Keppin' a' they can as the flakes doon drift.
Still, still,
The glen an' the hill
Nae mair they echo the burnie's bit v'ice,
That's tint, death-silent, awa' neth the ice.
Soun'less, the warl' is row'd up in sleep,
Dreamless an' deep,
Dreamless an' deep.
Niver a move but the saft doon-glidin'
O' wee, wee fairies on fite steeds ridin',
Ridin', ridin', the haill earth hidin',
Till a' thing's awa'
An' there's naething but snaw,
Snaw.

THE AULD PLOO'MAN

It's a bonny-lyin' craftie, fine an' lythe ayont the hill,
An' the hoose, gin it werew snoddit up, wad dee;
Ma e'e was on't for lang, but things has a gane vrang
An' the hoosie an' the craft are nae for me.

Na, na, I'm nae compleenin', though auld age is drawin' on
An' I be tae steyter doon the brae ma lane;
But I've vrocht sin' I was twal' in sun an' rain an' caul',
An' I'd likit weel a placie o' min' ain.

Ay, a couthy craft like thon wad jist hae ser't the wife an' me,
  We'd hae keepit twa-three kye an' hens an' swine;
We'd hae tyaav'd awa' thegither, aye helpin' ane anither -
  Hoot, ay, the place wad jist hae shuitit fine.

Ach, but fat's the eese o' thinkin' on the thing I canna hae,
  For noo I've neither wife nor son nor gear?
Still an' on, it's gey an sair tae be strippit, flypit, bare,
  Efter trauchlin' i' the yird for fifty year.

The loon — we had but ane — he was a shortsome wee bit ted;
  Tae his mither he'd nae marra in the lan';
Syne the mester at the squeel thocht him unco gleg as weel
  An' begoo'd tae tak' the laddie by the han'.

'Twas the dominie that gar't us mak' a scholar o' the loon,
  Though I dinna mean tae say that we were sweir;
Na, na, we baith were fain, but the bawbees we'd tae hain —
  Dod, we'd little claes or kitchy mony a year.

We sent him til the college wi' the siller we'd laid by;
  It was jimp eneuch, but that made little odds,
For, awat, the bairn got on; I've a lot of beuks he won
  Wi' airms an' mottoes stampit on the brods.

Syne a day cam' fan his mither an' the dominie sat aff
  Tae see the laddie gettin' his degree;
That's his picter wi' his hood; fegs, his mither was fell prood
  Fan he got it ta'en and brocht it hame tae me.

He was aye a thochtfu' cratur, an' he'd fairly set his he'rt
  On plenishin' a craft or wee bit ferm;
Gin ma laddie had been here I wadna nott tae speir
  For the ingyaun' o' the craftie at the term.

But ma schemes, like plenty ither fowk's, have a' gane sair agley,
  For e'er he'd got a start or ta'en his stance,
The war cam' on an' syne of coorse he be tae jine —
  An' noo he's beeried hine awa' in France.

His mither never cower't it; she was jist a kin' o' tint,
  Like a body steppin' oot intae the mirk;
She'd nae fushion left ava, for she dwined an' pined awa',
  An' she's happit i' the mools ahin' the kirk.

Ah, weel, fat maun be maun be, an' there's naething for't but thole,
Though it's langsome i' the forenicht a' yer lane;
Ye've waefu' waukin' dreams fan yer wardle's a' in leems —
But I'll need awa' an' yoke' — it's chappit ane.

I'm fley'd I maybe winna hae the second pair for lang,
For I wasna swack eneuch tae tak' the cowt;
I ken fat's comin' neist — I maun ca' the orra beast,
Or gyang an' help the byllie wi' the nowt.

It'll fairly be a come-doon fan I think upon ma craft,
But a sma' affair compared wi' a' the lave;
An' mony a cheil' has trod that verra samen road
An like me gane quately hirplin' til his grave.

DONAL'

Ye're sair awa' wi't, Donal' man. I doot ye're gey near deen,
Peer shiltie, ance sae willin' aye an' swack,
Yer heid hings doon, yer lugs are tir't, ye're halla roon the een,
An' unco laich an' sunken i' the back.

Yer shouthers, ribs, an' hunker-banes are teetin' throu' the skin,
Yer coat's as fite as 'oo' an' roch an' dry,
Yer knees are bendin' forrit an' ye're shauchly in ahin',
An' ilka fit gyangs trailin', trailin' by.

Ay, peer aul' stock, ye've ser't me weel for five-an'-twenty year,
Ye've ta'en me baith to market an' to kirk;
An' tho' at anterin times ye maybe thocht my drivin' queer,
Ye niver fail't in daylicht nor in mirk.

I wadna say exac'ly that I've aften jist been fou,
Though files I micht 'a' ta'en a gey roch dram;
But gin I had a drappie I cud lippen aye to you
Or anse I micht na noo be far I am.

D'ye min' the wye the bairnies ees't to hing on til yer mane,
An' dunsh aboot like shillicks fan ye ran?
Ah, weel, that's lang syne, Donal'; you an' me are left wir lane,
A deen aul' shilt, a haverin' aul' man.

Yon drucken, fechtin' couper cam' an' socht ye for a note.
  My fegs! the verra thocht o't gar't me scunner;
The coorse aul' kyaard! He micht as weel hae offer't me a groat —
  A poun'! He wadna get ye for a hunner!

It's nae for siller, Donal', frien's like hiz are gyaun to pairt —
  I like it weel, but cudna thole to see
My faithfu' shiltie hirplin' in some roarin' cadger's cairt;
  Sae here ye'll bide, my mannie, fear na ye.

I'll niver grudge yer keep — it winna br'ak me onywye —
  A pucklie girss or hey is a' ye'll need;
Ye've fairly earn't yer pension, sae I'll promise ye forbye —
  As lang as I've a gless ye'll get yer feed.

Though neither o's 'll need it verra lang — I ken that fine —
  I winna glumsh an' greet aboot it noo;
But still an' on, I reckon fan I'm near my hinner eyn
  I'll wiss I'd deen my darg as weel as you.

A fearsome road's afore me, unco brae-set, dark an' caul',
  An' weel-a-wat I'm jist a thochtie lame;
Man, Donal', gin a shilt like you had only haen a saul,
  I'd yokit ye — an ye'd hae ta'en me Hame.

LOWSIN' TIME

It's half sax an' Seterday nicht an' lowsin' time's at han' —
  I'm thinkin' we'll mak' this the hinmost roon';
I'm some forfochen traivellin' ow'r the roch an' stewy lan',
  Sae we'd best be gyangin' steppin' tae the toon.

Woa, Jinsy-forrit, lass, — stan' aff the swingletree —
  Haud back a bittie noo an' slack the theets;
Gin ye werena jist sae forcey ye'd win a' the seener free
  An' I wad get my brose an' aff my beets.

Ye'll niver learn sense at a': yer neeper, peer aul' stock,
  He'll ca' awa' fae yokin' time till dark;
I' the fur' or on the lan' he'll gyang as steady as the knock,
  An' that's the wye that fowk maun dee their wark.

I doot, my lass, ye'll aye be jist a gey camsteerie jaud,
  An' need a wechty han' upo' the rine;
Weel, plenty's needin't sairer that'll neither bin', nor haud —
  An' the wint o't 's blaudit mony a feel bit quine.

But heest ye, Bob, ye muckle stirk, or anse we'll ne'er win in;
  Ye're trailin' hame like some aul' shauchlin' kyard;
Come on, than, come up, min! De'il tak' ye, dinna rin;
  Yer back-bane's growin' sherp an' byous hard.

Jinse, ye maun be deein' wi' a suppie fae the troch,
  A caul' blash o't micht conach ye evnoo;
Haud up yer heid, ye cratur, ye wad fairly teem the loch;
  Fan ye're queeler ye can drink until ye're fou!

See, here's a bonny oxterfu' for baith o' ye the nicht,
  An' I winna straik yer feedie fae the kist;
Will I fess a grainie ile-cake fae the barn? Weel, I micht —
  I'll sweir that glaikit byllie'd niver miss't.

My supper, an' awa' up tae the merchan's shop gin echt,
  Tae get my spleuchan filled wi' bogie-roll;
Syne a file wi' Tam an' Peter at the hemmer an' the wecht,
  An' a sicht o' Jock Macpherson's meer an' foal.

I'll cry in on the soutar for a crack as I come by,
  He's shortsome an' he kens an awfu' lot.
Syne my chaumer an' my bed an' sic a fine lang, dozy lie —
  Ach! My day tae keep the toon! I clean forgot!

THE FIDDLER

Some say 'twas Priest Logie first learnt him the knack,
  An nae muckle winner,
For files fin ye h'ard him ye'd sweer he could mak'
  A saint o' a sinner.

But ither times, fegs, he wad play ye a spring
  Wad set your bleed dirlin'
Until ye gaed daft, an' yer bonnet ye'd fling
  Oot ow'r the meen birlin'.

He'd sangs and laments, a reel, a strathspey,
  Some tune that cam' greetin';
A rant that wad turn an aul' maid fairly fey,
  Wi' he'rt wildly beatin'.

For young an' for aul', for blither an' for dour,
  For dancers an' singers,
For a' that had lugs, there was magical poo'r
  In's bow an' in's fingers.

But noo he's awa', an' his meesic nae mair
  Comes lauchin' or sabbin',
Tae hiz onywye — although maybe up there,
  As seen's they loot Rab in.

The Almichty wad say tae the angels a' roun'
  His deece i' the middle,
'Jist heely a meenit: your harps lay ye doon;
  Rab, hae ye your fiddle?'

THE PUDDOCK

A puddock sat by the lochan's brim,
An' he thocht there was never a puddock like him.
He sat on his hurdies, he waggled his legs,
An' cockit his heid as he glowered throu' the seggs.
The bigsy wee cratur' was feelin' that prood
He gapit his mou' an' he croakit oot lood:
'Gin ye'd a' like tae see a richt puddock,' quo' he,
'Ye'll never, I'll sweer, get a better nor me.
I've fem'lies an' wives an' a weel-plenished hame,
Wi' drink for my thrapple an' meat for my wame.
The lasses aye thocht me a fine strappin' chiel,
An' I ken I'm a rale bonny singer as weel.
I'm nae gaun tae blaw, but th' truth I maun tell —
I believe I'm the verra MacPuddock himsel'.'

A heron was hungry an' needin' tae sup,
Sae he nabbit th' puddock and gollup't him up;
Syne runkled his feathers: 'A peer thing,' quo' he,
'But — puddocks is nae fat they eesed tae be.'

SIC TRANSIT

Said the flech tae the flee,
'Isn't gran' tae be me,
Tae be swack an' that bonny tae leuk at;
Aye tae loup up an' doon
In a great muckle toon,
Wi' the lords o' creation tae sook at?'

Said the flee tae the flech
'Peer wee cratur ye'd pech
Gin ye ettled wi' me tae come traivellin'.
I jalouse a' that bleed
Has gane fair tae your heid,
An' your fushionless wits is a' raivellin'.

'Ye may sook, ye may loup,
But ye'll get a gey coup
Gin ye dinna tak' tent tae keep hidden.
Ye feel gowk, see at me
Bumin' bonny an' free,
Wi' a banquet in ilka bit midden.'

Quo' the goloch, 'It's sair
Tae be deaved wi' that pair
An' their daft argy-bargy, for raelly
It be'et tae be clear
I'm th' finest ane here
Wi' my legs an' my braw forky-taily.'

'Mercy me!' cried the wife,
'I've a terrible life,
For tae trachle an' clean is my duty.'
Sae she sattled the three
An' their argyment tee
Wi' twa dabs an' a dicht o' her clooty.

JOHN M CAIE

TIRE AN' FA' TEE AGAIN

Fair scunner't wi' coontin' an' tired o' my beuk,
At the squeel I wad files fa' asleep in my neuk,
Until fae a neeper my heid got a rug
Or the mester wad gi'e me a scoor on the lug;
  So I jist had tae tire an' fa' tee again.

The liftin' in hairst is a teuch kin' o' job;
Gin the foreman be forcey ye pech an' ye fob,
Yer back it gets conacht an' sair booin' doon,
But de'il tak' the reaper, it's aye comin' roon';
  So ye jist be tae tire an' fa' tee again.

Ower yon'er in Flanders, forfochen an' deen,
Gey an' aft I'd be gantin' an' steekin' my een,
But the sergint wad ban — 'Ca' awa', min, ye breet;
Ye've forgotten a curnie I tell't ye tae sheet!'
  So I nott jist tae tire an' fa' tee again.

I'm thinkin' the wardle's a roch kin' o' road
An' the braes are some stiff for sae wechty a load;
Though yer feet may be fir't an' yer beets may be ticht,
Ye maun tyaave, ye maun warsle, fae mornin' til nicht —
  Ilka body maun tire an' fa' tee again.

An' syne, fan it's feenished, if things should gyang vrang,
Aul' Clootie will sing ye the very same sang;
Wi' a pair o' het taings he will gi'e ye a yark,
'Hing in tae yer birslin', for birslin's yer wark.
  Are ye tired o't? Ah, weel, jist fa' tee again.'

FAT'S THE EESE?

I tried tae ploo my furrow straucht an' fair,
  Though roch the lan', wi' mony a yird-fast steen;
I vrocht an' swat, an' yet, for a' my care,
  At hairst my crap was maistly licht an' green.

I howkit peats an' keest them fae the lair,
  Syne cam' an onding that wad ne'er devaal,
An' sae, for a' my tyaavin, lang and sair,
  My winter fore-nichts files were byous caul'.

I delved my yaird, I planted buss an' floo'r,
  I watched the bonny buds an' floorish braw,
But aft they were, in some mischancy 'oor,
  A' blaadit by the cranreuch an' the snaw.

I've deen my darg, though ither fowk may tell
O' anterin things I micht hae deen some better;
I've socht tae ser' my neepers as mysel',
  Forgi'en their debts an' still been nae man's debtor.

Though a' my life I've warsled up the brae,
  O' gear I've nane, my frien's are a' awa';
An' noo my back is boo't, my haffits gray —
  I'm spierin' at ye, Fat's the eese o't a'?

IN VINO VERITAS

An ill-faur'd lass was Kate,
  Her face was brosy an' flat.
Like porritch poored oot on a plate,
  An' gey ill-poored at that.

Tam was a thochtie fou,
  For the maut was abeen the meal;
The sicht o' 'er gart him grue
  As he furled her roon in a reel.

He glowr't at her sair, an' syne
  Quo' he, wi' anither keek,
'Ye're freely the plainest quine
  A body wad see in a week.'

'Ye're drunk,' cried she wi' scorn.
  ' I canna say't I binna,'
Quo' Tam, 'but I'll cower't the morn,
  An' ye winna!'

JOHN M CAIE

LULLABY

Shoudie, shoudie, my ain wee doo,
The lang day's by an' it's gloamin' noo;
It's gloamin' noo an' the nicht comes seen,
Shoudie, shoudie, the lang day's deen.

Shoudie, shoudie, the burnie sings,
Meenlicht comes on shimmerin' wings;
On shimmerin' wings the mirk will flee,
Shoudie, shoudie, an' fear na ye.

Shoudie, shoudie, noo fa's the dyow
On dreamin' floories the still nicht throu';
The nicht is still an' they're sleepin' fine,
Shoudie, shoudie, O bairnie mine.

Shoudie, shoudie, it's fadin' licht,
Your wee bit eenickies, steek them ticht;
It's steekit een that'll ferlies see,
Shoudie, shoudie, on mammy's knee.

Shoudie, shoudie, the sun's lain doon,
He's happit weel in his braw red goon;
He's hine i' the west far dreams come true,
Shoudie, shoudie, ye're sleepin' noo.

Helen B Cruickshank (1886-1975)

Helen Burness Cruickshank was born and reared at Hillside, between Montrose and the North Esk. She was educated at Montrose Academy, leaving school at the age of fifteen to join the civil service. She served in London during the early part of her career, but the greater part of it was spent in the Department of Health in Edinburgh where she lived for much of her life.

Yet she never lost her love of the people and the countryside around the River Esk, and in a note that accompanied the publication of her collected works in 1971 she wrote of how grateful she was for her schooling in Angus because it was 'a stronghold of the Scots tongue'. During her vacations she travelled widely in Scotland, often on foot, observing and collecting material for her verse. She began writing poetry in 1912, being published in a wide variety of journals, and her first volume of poetry, *Up the Noran Water*, was published in 1934. This was followed by *Sea Buckthorn* in 1954 and in 1968, *The Ponnage Pool*. Although she identified herself with the dialect poets of the North, such as Charles Murray and Violet Jacob, she was a great supporter of Hugh MacDiarmid and succeeded him as Honorary Secretary of the Scottish Centre of PEN, the International Association of Writers, a post she held for several years. She also gave great encouragement to Lewis Grassic Gibbon and 'Spring in the Mearns' is a moving and symbolic tribute to Grassic Gibbon and the tremendous contribution he made to Scots Literature. Neither did she restrict her praise and encouragement to the giants of Scottish letters; she befriended many young writers and fostered the study of Scots literature, her efforts being recognised by Edinburgh University when in 1970 she was awarded an Honorary Degree of Master of Arts.

Her poetry reflects her love of Scotland and her keen eye for the countryside, its animals and plants, is often in evidence. She had the craftsman's gift of making the difficult appear easy and with an artist's acute perception she records her observations. She preferred her verse in Scots and felt they were 'stronger' and there is an ease and naturalness about her Scots verse which cannot be denied, but one should not lightly dismiss her verse in English which shows the same sureness of touch and considered thought that her Scots verse demonstrates. In 'The Old Farmer', in particular, the use of English seems wholly apposite in a poem which deals with a man who, through deafness, has been cut off from the sound of his native tongue.

Like her verse, Helen B Cruickshank was much admired and the BBC marked her eightieth birthday with a special programme in which her fellow authors paid tribute. Her death in her eighty-ninth year was a sad loss to Scottish literary life, but she had made a significant contribution and as Dr Cuthbert Graham wrote in tribute at the time of her death: 'Unquestionably she will go down in Scottish literary history as a linking force between the old and the new.'

BACKGROUND

Frost, I mind, an' snaw,
An' a bairn comin' hame frae the schule
Greetin', nearly, wi' cauld,
But seein', for a' that,
The icicles i' the ditch,
The snaw-ploo's marbled tracks,
An' the print o' the rabbits' feet
At the hole i' the wire.

'Bairn ye're blue wi' cauld!'
An apron warmed at the fire,
An' frostit fingers rubbed
Till they dirl wi' pain.
Buttered toast an' tea,
The yellow licht o' the lamp,
An' the cat on the clootie rug
Afore the fire.

THE PONNAGE POOL

'. . . Sing
Some simple silly sang
O' willows or o' mimulus
A river's banks alang.'
HUGH MACDIARMID

I mind o' the Ponnage Pule,
The reid brae risin',
Morphie Lade,
An' the saumon that louped the dam,
A tree i' Martin's Den
Wi' names carved on it;
But I ken na wha I am.

Ane o' the names was mine,
An' still I own it.
Naething it kens
O' a' that mak's up me.

Less I ken o' mysel'
Than the saumon wherefore
It rins up Esk frae the sea.

I am the deep o' the pule,
The fish, the fisher,
The river in spate,
The broon o' the far peat-moss,
The shingle bricht wi' the flooer
O' the yallow mim'lus,
The martin fleein' across.

I mind o' the Poonage Pule
On a shinin' mornin',
The saumon fishers
Nettin' the bonny brutes —
I' the slithery dark o' the boddom
O' Charon's Coble
Ae day I'll faddom my doobts.

THE OLD FARMER

Locked in his deafness and his memories
He sits, unmindful, in the corner chair
Of all the gossip of the kitchen group
Who chatter cheerfully of this and that.
His hand unsullied now by farmyard toil
Strays kindly on the cat upon his knee,
And when some member of the family
Raises his voice to shout news in his ear
He smiles his gratitude, but then, alas,
Must shake his silvered head to indicate
That still he cannot hear; and so
Falls back again upon his memories.

Nights in the lamplit byre when calves were born,
The sheep dug out from snow drifts on the hill,
The harrowed field, the carted rounded stones
That long ago lay in the river bed,
Hours stolen from the farm to cast his line
Down at the waterside for speckled trout,
The sunrise walk to search his rabbit snares,

The weather watch to keep till corn was ripe,
The clipping time when neighbours rallied round.

The day his son was born to follow him,
The anxious waiting at the hospital
Years later, when his wife slow-dying lay:
That same year, too, old Bob, the farm horse fell
At his last ploughing, faithful gentle Bob,
He was a good one, but his time had come;
Best to forget the knacker's casual chat
And walk behind the stable with his dog,
To light his pipe until the float had gone.

The laughter rose and fell and teacups rattled
Around the kitchen fire.
He hears it not
But strokes the sleeping puss upon his lap,
Drinks up the proffered cup, and then it's time
To shuffle off to bed.

ONLY DAUGHTER

She mucks the byre
An' slices neeps,
I' the frosty dark
While her father sleeps.
A' green wi' sharn
An' warped wi' weet
Man's buits are on
Her shauchlin' feet.
Wi' hands a' grime
An' gnarled an' roch
She stirs the meat
I' the gussie's troch,
Till frae the door
A girnin' man
Cries 'Whaur's my parritch,
Maggie Ann?'

A couch of down,
A silk bedspread,
A tray of tea

Brought to her bed;
Red slippers for
Her dainty feet,
A maid to wait on
Marguerite.

The hands o' lovely
Lady Jane
Were aince nae safter
Than your ain.
They brushed an' dressed
Her hair sae fine,
But noo they ser'
The gutsy swine.
O' Fate had led ye
A bonny dance
Tae bring ye frae
Your place in France,
Tae toil an' moil
For a weedow-man,
O grey hard-workin'
Maggie Ann!

SHY GEORDIE

Up the Nornan Water
In by Inglismaddy,
Annie's got a bairnie
That hasna got a daddy.
Some say it's Tammas's
An' some say it's Chay's;
An' naebody expec'it it,
Wi' Annie's quiet ways.

Up the Noran Water
The bonnie little mannie
Is dandled an' cuddled close
By Inglismaddy's Annie.
Wha the bairnie's daddy is
The lassie never says;
But some think it's Tammas's,
An' some think it's Chay's.

Up the Noran Water
The country folk are kind:
An' wha the bairnie's daddy is
They dinna muckle mind.
But oh! the bairn at Annie's breist,
The love is Annie's e'e —
They mak' me wish wi' a' my micht
The lucky lad was me!

RAB IN THE FIELD

I haud my ploo and steady guide
Auld Dan an' Whitestar side by side,
An' happit in my he'rt I hide
  My love for Ceenie Sutherland.

The blackie in yon hawthorn tree,
The whaup that whistles owre the lea,
The jennywren sae jimp an' wee,
  A' sing o' Ceenie Sutherland.

I hear the burnie's wimplin' sang,
It never stops the hale day lang
Like me, its thochts are ever thrang
  Wi' bonny Ceenie Sutherland.

My he'rt's a field that's plooed by her,
In evry inch I feel a stir,
Her mark's on every rig an' fur,
  That cuttie, Ceenie Sutherland!

An' when the first green blades are thro'
This fifteen-acre field I ploo,
I'll try my luck, an' find oot hoo
  I stand wi' Ceenie Sutherland.

FAUSE FRIEND

Ye're dooble-jinted, soople-sawled,
An' slithery as an eel,
There's nane can lippen tae your word,
Ye twa-faced deil.

But wait, my birkie cheat-the-wud,
Ye'll no' aye jowk the lawin,
There's ane will mak' ye keep your pact
Some punctual dawin.

Ye've riped the pirlie mony's the time
Withooten ony skaith;
There's ane will tak' your measure yet
As sure as Daith.

OVERDUE

O ragin' wind
An' cruel sea,
Ye put the fear
O' daith on me.
I canna sleep,
I canna pray,
But prowl aboot
The docks a' day,
An' pu' my plaid
Aboot me ticht,
'Nae news yet, mistress!'
Ae mair nicht!

THE STRANGER

I met a man when I was drinkin' ale,
Wha yammered like a bird at break o' day.
But tho' his tongue was licht wi' joke an' tale,
His een were wae.

'Ye're whistlin' in the dark, my lad, that's plain,
Tae keep your spunk up,' thinks I tae mysel'.
But what his trouble was I'll never ken —
The deid ne'er tell.

SONG OF PITY FOR REFUGEES

Snaw is bluffertin' the toun,
Gurly wunds are roustin' roun'
Peety fowk in broken shoon
  This winter nicht.

Peety help the weary auld,
Claes nor fire to fend aff cauld,
Hoose nor ha' them safe to hauld
  This winter nicht.

Peety wham in a' the warld
Fortune fell through hell has harled,
Hungert, hameless, broken, marled,
  This winter nicht.

Peety men withooten kin,
Ne'er a freend to cry them ben,
Nane their deein' sauls to sain
  This winter nicht.

WATER-OUZEL

(Cinclus Aquaticus)

He keeps to the chosen stretch of his native burn,
Zig-zagging, if it does, close to its shining surface,
Alighting from time to time on his favourite stones,
Singing and trilling, the picture of sweet content.
Faithful he is to his white-limed perching places,
Bowing and becking and bobbing from right to left.
His white breast gleams on his black and russet shape, as
He sings and trills his water-accompanied song.

Anon, he wades in the shallows, and even, at times
He'll walk right under the water, or swim with his wings,
Searching for larvae and other aquatic creatures,
To feed his young in their high-domed mossy nest
With its little door on the floor, in the bank of the stream;
Or, as once I saw, on the parapet of a bridge,
High over the infant Clyde.

But best I remember the water-ouzel I watched
All of a summer day, in far Glen Lee;
Enchanted, I hid in the heather behind a rock
And saw my dipper fly through the vertical splash
Of the Falls of Unich, emerging to sing again
And bob on his whitened stone below the Falls.

Often, often, in later years, when harassed by the welter
Of modern life, the trappings of civilization,
I recall the ouzel's charm of song, the ripple of water,
The bird's devotion to his own particular stream,
(As mine to the Esk) and I tackle again my desk of duties,
And am refreshed.

EALASAID

Here are the shores you loved,
The tumbling waters,
Curdling and foaming on Atlantic strands,
The ocean, gentian-blue beyond believing,
The clean white sands.

And here the ancient speech
You loved essaying,
Rising and falling like the wave-borne birds,
The cadences that wind and tide are weaving
Of Gaelic words.

And here the little crofts
With thatch stone-weighted,
You told me of, so often ere I came.
How strange, that I am here without you, grieving
Your loved, lost name.

O fairest, loveliest,
Of Tiree's daughters,
White sea-bird, frightened in the city smoke,
Of all you loved the most, Life seemed bereaving
You; and your heart broke.

O, sleep you soundly now,
Ealasaid darling,
Beneath the sandy turf on Tiree's shore.
No more your island home you need be leaving,
Be sad no more!

IN GLENSKENNO WOODS

Under an arch o' bramble
  Saftly she goes,
Dark broon een like velvet,
  Cheeks like the rose.

Ae lang branch o' the bramble
  Dips ere she pass,
Tethers wi' thorns the hair
  O' the little lass.

Ripe black fruit, an' blossom
  White on the spray,
Leaves o' russet an' crimson,
  What wad ye say?

What wad ye say to the bairn
  That ye catch her snood,
Haudin' her there i' the hush
  O' Glenskenno Wood?

What wad ye say? The autumn
  O' life draws near.
Still she waits, an' listens,
  But canna hear.

SPRING IN THE MEARNS
In Memoriam, Lewis Grassic Gibbon

Clouds of smoke on the hill
Where the whin is burning,
Staining the clear cold sky
As the sun goes down.
Brighter the fire leaps up
As night grows darker;
Wild and lovely the light
Of the flaming whin.

Blackened the stubborn bush;
No more the golden
Nut-sweet blossom shall lure
The wandering bee.
Twisted branches sink
To a sullen smoulder
Where the small stonechat clinked
Contentedly.

HELEN B CRUICKSHANK

Come again, when the rains
Have carried the ashes
Into the hungry soil,
And lo, the green!
Earth that was seared by fire
Has now begotten
Tender herbage for tough,
Grain for whin.

Body of man to death,
Flesh to ashes,
Muscle and tissue and bone
To dust are come.
Ah, but the spirit leaps
From the cindered fibre,
Living, laughs at death,
That is but a name.

Life goes on for ever;
The body smoulders,
Dies in the heat of the pace,
Is laid in earth.
Life goes on; the spirit
Endures for ever,
Wresting from death itself
A brave new birth.

This man set the flame
Of his native genius
Under the cumbering whin
Of the untilled field;
Lit a fire in the Mearns
To illuminate Scotland,
Clearing the sullen soil
For a richer yield

Arbuthnott Churchyard, 23 February 1935

DRY STANE DYKES

Oor forebears biggit weel withooten fyke
The cottar hoose, the byre, the drystane dyke.
Their horny hands were skeely, hard and strang,
Their life was simple, kennin richt frae wrang.

They helped a neebor fan the gudeman ailed,
At hairst or ploo, or fan the crops had failed:
Men o few words, but trusty freens in need,
Hard work their portion, an giff-gaff their creed.

Their gable wa's o biggins may be gane,
Dinged doon by bruckle brick, synthetic stane;
But roon the hills an haughs, the native kye
Still graze in peace in dyked security.

And lang may Scotland haud her ain traditions,
Yet claim her richtfu place in League o Nations.
Wha kens? Her wecht, the throwband stand micht be
Tae bind a shoogly warld in Amity.

Throwband stone: the long balancing stone thrust out either side, without which the dyke would fall, since it contains no mortar.

Hunter Diack (1908-1974)

Born in Kemnay in 1908, Hunter Diack went to the University of Aberdeen where he graduated MA with First Class honours in English Language and Literature, and in doing so won the Senatus Prize in English Literature. After a year of teacher training he went to the University of Toronto to further his studies in education. He returned to Aberdeen to teach at Robert Gordon's College and combined his teaching with the arduous task of editing the *'North-East Review'*, a journal which seemed to cover any and all subjects that the editor thought might interest his readers, but ever maintaining high editorial standards. Among others, Alexander Scott and Jessie Kesson had some of their early poetry published by Hunter Diack and he, thankfully, found time to write and publish some of his own wry and humorous verse in this worthwhile publication.

The Second World War was to bring both his association with the *'Review'* and his teaching career to an end as he entered the Royal Air Force where he served in signals and then in education. On demobilisation in 1946 he re-entered journalism until in 1950 he was appointed tutor to the then Institute of Education at the University of Nottingham. He was promoted to senior lecturer in 1964 and became a highly regarded, if controversial, figure in the field of educational research. An impressive library of books, articles and papers were issued as he successfully challenged currently fashionable theories on learning and caused educationalists everywhere to rethink and look anew at previously discarded traditional ideas. He also produced two highly successful autobiographical volumes, *'Boy in a Village'* and *'That Village on the Don.'*

There can be little doubt that it was in the field of education and the problems involved with learning that his real interest lay, and where most of his energies were directed, but towards the end of his career his interest in writing poetry was re-awakened and he published two short collections, *'Short of the Margin'* and *'Beneath the Visited Moon.'*

Thus it is that the poems that Hunter Diack has left us are the produce of the early and the later parts of his life. His death in 1974 shortly after his retirement from the University of Nottingham robbed us of a potent poetic voice. Norman McCaig has said of his poems, 'I have read them with relish for their elegance and sobriety, in the good sense—no inflation, no pretension.'

We must be grateful that Hunter Diack did find time in an exceptionally busy and successful life to write some verse, and reflect that education's gain was, in the end, undoubtably poetry's loss.

TRAWLER

Curious to call this boat *Ulysses,*
But there it was-the rusty hulk,
And mess of scaly fishing-nets on deck
All tangled up like sea-weed, and the chains
Half-gnawed by the wet tooth of sea air,
The donkey engine coughing as she strained
Her iron heart against the bollard ropes
And slewed the boat towards the harbour mouth.

The siren rolled the echoes up the town
Shaking a fist at sun that would not stir
From warm side of his wet grey blanket,
Scaring the gull on wheelhouse, as the shouts
Of Vikings scared them from the beakéd prows
Of long-boats in the days when steam was free
As clouds or wandering sea-winds . . .

Now she bent
Her steam-chest energies to the outward thrust
And even with swan-like motion drove her way
Past the *Junge Jorge* in from Rotterdam
And Chian *Thermopylae* with her name
Lettered in Greek upon her heavy bows,
And a trim, white motor-boat from the Puddefiord.

She did not traipse the seas, the *Ulysses,*
Yet she had shot her nets on Dogger Bank
And trawled the dawn up from a heavy sea
Beyond Thorshavn in the Faroe Isles.

Soon, twisting water to a pole of force,
She pushed the land into the back horizon,
Where the Cairngorms grind their stumps of teeth
Pulp-wards upon the stubborn bone of weather.

Three days she drove about the northern grounds
Trailing her tarry fingers in the sea,
While patient winds rode high above the world
Shooting by day their white cloud-nets to catch,
When darkness came, the bright shoals of the stars,
And for three days and nights the hardened crew

Toiled at the nets between snatched food and rest,
Joking at times — for the catch was good —
And thinking silently what they would do
When they came back to port on Saturday:
Celtic they's see play Aberdeen, and then
With wife to pictures or with girl to dance,
But first of all since salt brings thirst to men
They'd wet their whistles in the Wallace Tower
Where laughter breezes over tankards foaming —
All that they thought to do, yet never did.

Massed the storm-squadrons, and swift blades of wind
Leapt from the icy scabbard of the north;
Sword-blade or whip-thong flayed the sleek sea-skin,
Gouged out dark troughs, raised livid weals of foam,
And hail stones spat with bite and sting of fire.
Down in the spoke-hole arms of muscled steel
Teased into fury the red reeling coals
And forced the fevered needle to the danger line
While the screw lashed in onward-thrusting gyres.

Six hours she rode the anger of the waves,
Running for shelter; then a hatch was smashed
And the shipped water poured into the hold
Turning her fires into useless steam, while night
More furious still came swallowing sea and sky
And deadlier heaved the bludgeons of the waves.

So when the sun again with sinewed light
Drove towards the west the shadow of the earth,
He flicked with light the tossing spars of wood;
Then quietly went to seek those valleys out
Where men tend flocks behind the western hills.

And yet on Saturday the home team won,
Bright laughter splashed about the Wallace Tower,
Screen-shadows told their tales of high romance,
And in the dance-hall by the silent wharf
Gay couples wheeled in the old dance of life.

TALK

Twa sairious men ae simmer's nicht,
Walkin by the sea,
Nyattert awa, aboot Wrang and Richt
And the best a man cwid dae
I the skelp o time atween birth and death
Tae mak his life warth while, but feth,
Though Thocht set out at a gey like spang
It cwidna catch up wi Richt and Wrang.
As seen as we spik, the meanins skail
Oot o wir wirds, and it's jist the same
As combin the tangelt cloods wi a kaim
Or catchin the lichtnin by the tail.

RAIN

How good it was to leave the city street
And take the highway with an easy stride!
To feel the calm unhurried heart-beat
Of the countryside!

A thin, slow rain came softly falling
To count its beads upon the feathered grass;
Those sounds I heard — of field birds calling,
And rain on leaves — will never pass
From this dear earth, but will be found
When towns and I are underground!

CHAUMER MUSIC

Ach!
  Bach!
    It's aye the same!
Fair forfochen a man comes hame;
He has his tea an' sets 'im doon
I' the howp o' hearin' an' aul' Scots tune,
'Loch Lomond' say, or 'Lowrin' Fair'
'Ye Banks an' Braes' an' two-three mair.
He's peyed 'is leeshence an' bocht 'is set.
He switches't on. Fat dis 'e get?
Tchach!
Bach!

FATHER AND SON (1941)

In the last war Robbie's feyther wis a sniper,
An' shot twa hunner Germans in a raw;
Jock Lumsden says his feyther was a piper,
Pipin' though a 'is drones waur shot awa'.

Chay Tamson's feyther on a sma' minesweeper
Blew seyven U-Boats into kingdom come;
An' Doddie's uncle, cripple Airchie Leiper,
Through shell-fire rescued echteen quarts o' rum.

So fat did 'ee dae in the last war, feyther?
Fat wis't that made them gi'e ye the V.C.?
'Ach, niver min', ma loon, just tell them rayther,
I stoppit takin' sugar in ma tea.'

THE CROFT

Sy Elrick worked this place for fifty year,
Sy and his wife Kirstin. Ye'll mind on Sy?
Six foot of bone and muscle and black beard,
A crooked leg his mare rolled over on,
And strings of oaths when one alone would do.
  That weathered stone you scratched your match upon
To light your pipe — Sy's muscles set in there.
He made this dyke, where all along you see
Knuckles of braken thrust between the stones;
And, look, through all the land where Sy cropped oats
Bracken uncurls among the bloom of furze.

Down there Sy had his house. The gable stands,
And the stone cheese-press with the rusted screw —
Kirstin's strong arms could never twist it now —
She made grand cheese; at least you'd say she did
When you came in from giving Sy a hand.
  Her flowering currant keeps its load of bloom —
Gardens she liked; go down there and you'll see
Primrose she planted, lupin-flowers,
And two-three berry bushes gone to wood —
Some were dug out to give that pylon room.

This was the place Sy worked for fifty year,
Sy and his wife Kirstin. — I'd have them back?
Well, no. They've lived their lives. Only I'd like —
When he saw land that he'd left in good heart
Smothered in bracken, and his house roof-fallen,
A pylon set in Kirstin's plot of ground —
I'd like to hear, what I have missed at times,
The black oaths that would rumble through Sy's beard.

HUNTER DIACK

UNDERTONES
SUMMER — 1938

A hundred thousand noises it has taken
To make the silence of this summer night:

The chirp of restless sparrows in the eaves,
The rasp of slugs among my cabbage leaves;
The sound that trees make stretching their old bones,
And distant-water gurgling over stones;
The quiet breathing of a child in bed,
The fluster of a bat's wings overhead;
The sound of late seeds stirring in the soil
And earthworms darkly straining at their toil;
Acres of swelling sound in fields of grain.
The drinking sound of dry roots after rain;
In silence such as this I feel that I
Might hear the soft clouds moving in the sky,

But how can one hear bird, or tree, or cloud,
When even in silence all the air is loud
With groans of peasants maimed at Teruel
And cries of children dying in Canton?

A hundred thousand noises it has taken
To make the silence of this summer night.

SUMMER — 1940

Sheltering from summer rain we five men stood
Under the village trees and had our say
After the news at six when we had heard
A mass-attack on London had begun.
Of that we talked, no doubt, more than we knew . . .
Remote a little from the rest, I thought
Of cycling all night down the Old Kent Road,
Of a sun-lit room high over Oakley Street,
Of Chertsey, Much Hadham, and the Six Bells Inn.
It was another London that I knew . . .

But soon our talk came down to nearer things.
Briefly they talked, while women walked through rain,
Of girls they'd known on Blackpool holidays;

Of how to stop club-root in cabbages,
And the loss it was to local cricket, when
Young Mitch took up a rear gun, not a bat.
But most we talked of the old Deeside Road,

For then a real high argument got up
With windings devious as the road itself
Tracing it out to Banchory and beyond.
One man had walked along it and he knew
The only mill-wheel driven direct from Dee.

These were the things we spoke of when the bombs
Ripped down the pattern of our history.

And now I think deep in our minds we knew
How sturdy were the names of which we spoke.
Durris . . . Drumoak. . . . The sign-posts will be up
With new paint in the sun, and under them
Men from the farms will meet before the dance,
When no sign stands on any 'Hitlerplatz'.

SHORT OF THE MARGIN

Poetry
acording to Bentham
is a form of writing
in which
most of the lines
fall short of the margin.
It may be that poets
have a peculiar need
for a broad margin
to their lives
and that it is only
their temperamental instability
that pushes a line here and there too near
the prose margin.
Of course,
when the margin
is at its broadest
no words
at all
appear;

so
the ultimate poem
may be
the empty page,
the virgin album.
If this is so,
the Bowater Corporation
and other
pulp-to-paper combines
are by far
the most substantial creators
of poetry.

Such a conclusion
leads me to think
that Bentham's statement
falls short of the margin
of satisfactory definition.
Yet I am not sure
that I can find a better.

SHORT-FALL

The atheist
who declared himself unwilling
to debate
the existence of God
because he had no time to waste
on shadow-boxing
doubtless wasted more time than he knew
on the very activity
he declared
he was not wasting time on,
for,
in implying
that
God is a shadow of the mind
he was further implying
that he,
the straight-forward thinker,
having emerged
from the cloud of unknowing,

was able to draw a clear distinction
between external reality
and the mind's shadows.
Yet the reason for believing
that reality is
what we know it to be
are slight
compared with those
that indicate it may be
something other,
more — or less.
Of that which we know
there is nothing
of which
more is not still to be known
and this short-fall of knowing
carries with it
the probability
of change in the degree of our knowing
and so
it is illusory
to supose
that the world as we know it now
is the world as we'll know it next.
All the greater then is the illusion
if we assume
that the world as we know it now
is the world as it is.

THE SIGNPOST
Errogie — 4 Miles

Chance walked with me across the heather
and brought me to that sign-post.
I paused, thought, felt,
and chose another road,
yet stood by that earth's magnet fixed
till he drove up who said,
'You're bound for Errogie?'
I shook my head, 'Not there.'
'Gorthlech, maybe, or Inverfarigaig?
Tombreck or Farr?'

'It might, it might be one of these
and yet I'm going nowhere particular.'
'That's odd.' He scratched his chin.
'Why odd? Surely a man may walk
just walk, without a thought
of reaching any place that has a name.'
'Of course,' he said. 'That's not the oddness.'
'All right, you tell me where the oddness lies.'
'If you are going nowhere particular,
you should be going anywhere at all,
but you've cut out the place called Errogie,
so can't be going anywhere at all.'
'So that's the oddness is't,' I said.
'It's odder still to meet a casuist
here at the back of this beyond.'
'I thought to be a priest,' he said.
'They threw me out. I asked too many questions.
Let's put it down to that.'
'And where are you now heading for?
Where does the end of your road lie?'
'Right here,' he said, 'at least for the time being.'
I looked around at the empty miles.
'There's beauty here,' said I, 'and peace,
as good a place to stop as anywhere at all.'
'No doubt,' he said,
'but I've got work to do. Right here.
The sign-post needs a lick of paint
and that's my job.'
'Then you'll go on to paint more sign-posts
to Gorthlech, maybe, and Inverfarigaig,
Tombreck and Farr?'
'And Dunmaglass,' he added,
he who'd thought to sign-post folk to heaven.
'I expect you know these places well?'
He shook his head.
'I'd not say that. I've never felt the need
to know the places I paint sign-posts to.'
Nor did I feel the need to tell him
that to me his sign-post lied.
For me there was no road to Errogie
nor tallied miles.
The Errogie I'd heard of, never knew,
lay light-years back
among the tumbled hills
beyond the Celtic twilight

where time was purple when it was not gold,
where birch-leaves in a net of light
above the trembling waters hung.
'I hope you'll come to Errogie
some day,' the letter said.
I did not go
and now the one who asked me then
has gone — nowhere particular,
but not, I think, anywhere at all
just some where, some place
where sign-posts need no painting
and point nowhere particular.

Errogie — four miles.
There it stood
at the end that is the beginning
of all the roads I did not take
but might have taken,
of all the paths I did not tread,
but might have trodden,
and they stretch further
than all the roads and paths I've travelled
on foot on wheel or in mind,
alack and well away beyond
Gorthlech and Inverfarigaig
Tombreck or Farr.

THEME SONG

This man
somewhat shabbily dressed
and obstructing the flow of foot traffic
has carefully studied
the baker's window —
the whole-wheat bread,
the marzipan top cakes,
the Scotch currant bun,
and the crusty cobs.
Now he has moved to the next window
and is studying
television sets, plain and coloured,
tape-recorders, cassette and spool,

record players, washing machines,
and all the time he is whistling
a theme from Beethoven.
A hundred years ago
his social counterpart
would never have heard of Beethoven
Is this an indication
of a rise in the level of culture?
It may indicate only
that a TV advertiser
has found another good tune in Beethoven.

Flora Garry (1900 —)

In tandem with the local publication of *Bennygoak and other poems* by Flora Garry a concert was held at Aberdeen Arts Centre where Mrs Garry was to read some of her own work. The concert was completely sold out with crowds of hopefuls waiting outside to snap up cancelled tickets. This was Aberdeen in the seventies and the packed audience was there to hear authentic Buchan Doric verse.

Given her background it is, perhaps, hardly surprising that Flora Garry should display talent as a writer in Doric and English and find herself attracting a large audience to a theatre. She was born in 1900, the daughter of Archie and Helen Campbell of Mains of Auchmunziel, New Deer. Archie Campbell was 'Buchan Farmer' of the Aberdeen *Press and Journal*. Helen Campbell, like her husband, was a writer and broadcaster. The theatrical connection? . . . Helen Campbell was also the leading lady in the first production of Gavin Greig's famous play *Mains's Wooin'*.

Flora was a pupil at Peterhead Academy and later an Honours graduate of Aberdeen University. She trained as a teacher and taught in Dumfries Academy and Strichen Secondary School. She married Robert Campbell Garry, Regius Professor of Physiology in the University of Glasgow. Today Flora Garry and her husband live in retirement in Perthshire.

Even a perfunctory reading of Flora Garry's poetry quickly establishes that she is a master of the 'speak' and cadence of Buchan Doric. Yet she did not think of writing poems in the Northeast dialect until comparatively well on in her life. Annie Barclay, of the Scots Heritage Society, who had arranged a contest for Buchan dialect poems, persuaded Flora to write 'Bennygoak'. This and subsequent poems were enthusiastically received and appeared in various anthologies, newspapers and magazines. Eventually, with the aid of Dr Cuthbert Graham, a collection was published by Duncan Glen of *Akros*. It sold out in less than a week, was reprinted and sold out again. Eventually it was decided that, as most of the demand was coming from Aberdeenshire, it would be a good idea to produce all subsequent editions in Aberdeen.

Every edition has mirrored the first and 'Bennygoak' has been extremely popular with the Northeast public and those exiles who, while earning their living far from home, seem more than any others to retain and cherish a love for their local dialect.

Since the middle of the nineteenth century men have been prophesying the 'death' of the Doric. As was remarked in another instance, the announcements were somewhat premature. Flora

Garry has shown that if the standard of the writing is of high enough quality, the tone authentic, the content realistic and challenging and the whole tempered by a consummate wit and ready humour, then not only is the Doric alive, but can be seen to be still a vital and significant poetic language.

BENNYGOAK
The Hill of the Cuckoo

It wis jist a skelp o the muckle furth,
A sklyter o roch grun,
Fin granfadder's fadder bruke it in
Fae the hedder an the funn.
Granfadder sklatit barn an byre,
Brocht water to the closs,
Pat fail-dykes ben the bare brae face
An a cairt road tull the moss.

Bit wir fadder sottert i the yard
An skeppit amo' bees
An keepit fancy dyeuks an doos
'An warna muckle eese.
He bocht aul' wizzent horse an kye
An scrimpit muck an seed;
Syne, clocherin wi a craichly hoast,
He dwine't awa, an deed.

Midder's growein aul' an deen,
Dyle't an sma-bookit tee
Bit stull, she's maister o her wark.
My wark, it maisters me.
Och, I'm tire't o plyterin oot an in
Amo' hens and swine an kye,
Kirnin amo' brookie pots
An yirnin croods an fye.

I look far ower by Ythanside
To Fyvie's laich, lythe lan's,
To Auchterless an Bennachie
An the mist blue Grampians.
Sair't o the hull o Bennygoak
An scunnert o the ferm,
Gin I bit daar't, gin I bit daar't,
I'd flit the comin' term.

It's ull to thole on the first Spring day
Fin the black earth lies in clods,
An the teuchat's wallochin to the ploo
An the snaw-bree rins on the roads.

O, it's ull to thole i the stull hairst gloam,
Fin the lift's a bleeze o fire;
I stan an glower, the pail i ma han',
On ma road oot tull the byre.

Bit it's warst ava aboot Wutsunday
Fin the nichts are quaet an clear,
An the floo'erin curran's by i the yard
An the green corn's i the breer;
An the bird 'at gid this hull its name,
Yon bird ye nivver see,
Sits doon i the wid by the water-side
An laachs, laich-in, at me.

'Flit, flit, ye feel' says the unco bird,
'There's finer, couthier folk
An kin' lier country hine awa
Fae the hull o' Bennygoak.'
Bit ma midder's growein aul' an deen
An likes her ain fireside.
'Twid brak her hert to leave the hull:
It's brakkin mine to bide.

SPRING FEVER

The tinkers tire o cassey steens fin Mey dyow weets the leys,
They seek eence mair the Buchan road, the wide win'-cairdit skies,
Throwe Cloverhill an Tarbot hill, by Blairton's cottar raw,
The braes o Logie, Foveran's howe, the wids o Turnerha',
By Essyfaal an Tillymaal, the walks o Neddermeer
An the girssy double dykes that clim' to the lang toon o New Deer

Syne hey for Cyaak an Cyaarneywhing
Bracklamore an Berrymeen,
Scoor the boords o Leddysfoord
An skum the lums o Glesslaw.

The yalla blossom's on the fun, o livrock-sang there's rowth,
A bluffert aff the bare broon knowes brings a waff o burnin growthe
Bit the aul' wife on the briest o the cairt, tit-tittin at the rynes,

She sees the siller saxpence o the gypit kitchie quines.
The young wife, cooryin i the strae, a little happit close,
Sees at even the peak reek rise an hears the pipes i the moss.

The tink sits sidelins on the float, a cowt atween the theats,
A skweengin bikk ahin the wheels an a smarrach o barefit geets
His min's on besoms, caups an pins an sowderin fiteiron,
An mowdiewarts' an myaakins' skins, an troots i the Gonar burn.

So they'll nae deval by Tarty's waal,
Nor daachle lang at Udny.
The hedder hulls afore them lie,
Their simmer hame Turlundie.

THE QUINE AN THE TEUCHATS

Nicht's creepin in aboot, it's early lowsin-time.
Ahin the laich funn dyke, licht's hinmost lowe,
A sma reid cwyle, smores i the reek o the rime.
An icy skimmerin lappers the troch mou'
The nyaakit bourtree's gapin for the snaw.
The day's deen. The year's at the deid-thraa.

On the ploo'd eynriggs o the stibble park
A flock o teuchats gedder, cooryin doon
Atween the furrs an chunnerin i the dark;
Tappit heids an chilpit chudderin breists
Seekin some strab o strae or twa-three faal
O girss, to hap them fae the sypin caul'.

Bit the Spring o the year'll thowe the nirlt grun',
Slocken the gizzent gowan-reet, ken'le the funn,
An wallochy-wallochy-weet the teuchats rise
Ower the new-shauven leys.

Farr syne will I flee
Fae floorish on tree,
Sin bricht i the lift,
Burn birlin i the licht?
Fit bield syne hap me,
Fa winter-sted maan be
Eyven at Simmer's hicht?

SPRING ON A BUCHAN FARM

Ower lang we've tholed the sizzon's tyranny,
Winter's heavy wecht on man an beast,
Ower lang the dark, the snaw, the sypin caul'.

Syne, on a suddenty, the lift's rivven wide,
Hivvenly licht poors doon an blins an droons
The dozent, thowless wardle. Snae-bree loups,
Ice-tangles fae the eezins dreep, the Furth
New quickent blinks an glinters i the sin.
A livrock oot o sicht amo' sma' cloods
Sings as at Creation's mornin oor.
An yonner by the ivied gairden dyke
A vraithe a snawdraps, livrock-sang in floo'er.

Noo, on the indraacht o a breath, the lift gloams ower.
Daylicht's deen an Winter's back again.
Reet, reef an steen, the glancin pirlin burn
Shackl't eence mair; nae heat, nae colour noo
In park or steadin or in corn yard
Bit the yalla sharn midden's smuchterin fire
An a muckle vraithe o trampit bleedy snaw
Faar late the streen we beeriet a deid hogg.

Doon comes pick mirk, an hunger, birth an pain
Ride upo' the riggin o the nicht.
The lammin yowie yammers fae the bucht,
The rottan's pykit teeth chudder the barley seck
The skweengin hoolet clooks the moosie's wyme,
The ravenous futtrit sooks the livrock's briest.

Treachery, a broken tryst, that's a Buchan Spring;
Glory, an syne hertbrak, a sair oonchancy thing.

AE MAIR HAIRST

She promised weel aneuch — a heavy crap.
Bit a dull, mochy Simmer it wis, wi afa little drooth.
Some o's, ye'll min', gey forcey, cuttit ower green,
An syne the widder broke.

Caul', roch shooers drave doon on a nor'east win'.
The cattle oot on the girss
Wannert wi their backs up roun' the dykes,
Nivver ristin'.
Aye the onding, aye the clorty dubs.
I' the howe o Ythan week efter weary week
The stooks steed tasht an water-loggit.
Mornin efter mornin yon fite haar
Cam' blawin in fae the coast.

Bit ae foreneen the win' swang roun' to the west,
The cloods were heich an licht,
The sky wis blue-er gin we'd seen't a Simmer.
The howes firmt up. The strae began to reeshle.
Shaef efter shaef, we turn't the stooks wi wir han's
In tull the face o a strong sunshiny breeze
I' the cornyards, the smell o the ripened grain.

We workit hard, fyles by the licht o the meen,
Fyles on the Sabbath day,
An we got aff the grun', ae mair hairst!
An noo fae Mormond Hill as far's Bennachie,
The raikit stibble parks lie teem an quaet,
Wytin' for the ploo.

THE PROFESSOR'S WIFE

I wis a student at King's.
Ma folk his a craft in Glenardle.
'Learnin's the thing,' they wid say,
'To help ye up in the wardle.'

They vrocht fae daylicht to dark.
Fine div I min' on ma midder,
Up ower the queets amo' dubs,
Furth in the weetiest widder,

Swypin the greep in the byre,
Forkin the crap on the lan',
Treetlin wi water an aess an peats,
Aye a pail in her han'.

I wis a student at King's.
O the craft I nivver spoke.
Peer an prood wis I
An affrontit o ma folk.

Ay fyles on a still Mey nicht
I wid tak a daaner roun'
By Spital an College Bounds
To the lythe o the Aul' Toon.

An I wid stan an glower
In at the windows wide
O the muckle hooses there
Faar the professors bide,

An caun'le-licht an flooers
Shinin silver an lace,
An, braw in a low-neckit goon,
The professor's wife at her place.

'Fine,' says I to masel,
'Fine to be up in the wardle,'
An thocht wi a groo, on the brookie pots
In the kitchen at Glenardle.

'Learnin's the thing,' says I,
'To help ye up in the wardle.'
I wed a professor come time
An gid hyne awa fae Glenardle.

I bide in a muckle hoose
In a toon that's muckle and dark,
An it taks me maist o the day
To get fordl't wi ma wark

Traachlin wi sitt an styoo.
Queuin for maet for oors,
A body his little time or hert
For caun'le-licht an flooers.

Ma han's are scorie-hornt,
An fyles I fin masel
Skushlin ma feet, as ma midder did
Oot teemin the orra pail.

The aul' folk's lyin quaet
In the kirkyard at Glenardle.
It's as weel; they'd be gey sair-made
At the state noo-a-days o the wardle.

'Learnin's the thing,' they wid say,
'To gie ye a hyste up in life.'
I wis eence a student at King's.
Noo I'm jist a professor's wife.

THE PRICE O BRESS

Jess Hedderwick raise at the income o licht
Wi a great clattervengeance o soun'.
She wis dystin her basses anent the ga'le dyke
Lang afore Tam the Milkie wan roun'.
Wi besom an scrubber she yarkit an breengt.
Fin maist wives were jist teemin their aess,
Her wark wis a' deen, she hid a' the foreneen
To ficher an soss wi her bress.
Smert Jess!
She hid a' the foreneen tull her bress.

Sax furligorums o caun'lesticks
An twa fancy scallopit trays,
A clock that gid eence an a dishie for preens,
A spunk-box, a bell, a floo'er vase,
Pokers an tyangses in hullicks
An toasters hung up on the wa',
A shufflie wi' holes that widna haud coals,
An a bellas that widna blaw.

O' Jess wis a notable cleaner,
A champion chaser o styoo.
Ye were feart to set fitt on her waxcloth
Or finger her walnut buroo.
She wis full o her antimacassers,
Her joogies, her tidies, her gless
An made sic a meneer ower her braw chiffoneer,
Bit neen could compare wi her bress
Losh, Jess
Wis clean gyte ower the heids o her bress.

Noo, Jess hid a man they ca'd Jeemsie
Fa skookit aboot throwe the hoose;
A sma', snytit oolt-lookin oorlich
Wi' as much rumgumption 's a moose.
It wis: 'Jeemsie! Ye'll need to hack stickies,'
An: 'Ye'll need to be reddin yon spoot,'
An: 'Gae wa, noo, an sneck in the bantins,'
An: 'Jeemsie! 's cat putten oot?'

Eence Jeemsie hid been a keen birkie
Fae likit a smoke an a dram,
An antrin bit dirl on 's melodeon,
A nicht wi the rod at the dam.

Bit Jess hooey't him furth wi's melodeon.
'Tak 'Bonnie Strathyre' to the yard,'
Hine doon to the back o the bourtree
Faar he'd neither be seen nor be h'ard.
An Jess haiv't his troots to the midden.
'Their guts-Lard, feech, gyaad, sic a mess!'
An she seegt a hale week aboot Bogie Roll reek,
Foo it blaadit the shine o her bress.
Quo' Jess:
'It clean connachs the shine on my bress.'

So Jeemsie jist thol't an said naething
Till, ae quaet growthy nicht afore Pess,
He did a meenlichty flittin
Fae the hoose wi the braw, shinin bress.
He gid aff wi the wife fae the chip shop.
She belang't doon the wye o the Broch,
A big strushil deem wi a mowser.
An a laach that wis herty an roch.

Twa neebour wives were colloguin
Ae day they'd been in seein Jess.
'She'd gey sair come-at aboot Jeemsie, I doot.'
'Yea? I saw nae odds on her face.'
'Na! Bit did ye nae notice her mantlepiece?
She hisna been keepin her bress.
Peer Jess!
The shine's fair geen aff o her bress.'

FLORA GARRY

TO SUFFIE, LAST OF THE BUCHAN FISHWIVES

A fish creel wi a wife aneth't
Steed at wir kitchen door.
A sma' quine grat at the wild-like shape
She'd nivver seen afore.

Ye cam fae anidder warl, Suffie,
Amo' hiz lan'ward folk,
The sough o the sea in the vera soun'
O the words ye spoke.

Oor wyes warna yours, we nivver vrocht
Wi net nor line
Nor guttin knife, nor fan on haggert thoom
The stang o the brine.

We niver hid to flee demintit
Tull the pier-heid,
Nor harken tull the heerican at midnicht,
Caul' wi dreid.

Spring efter Spring, or the teuchat's storm wis past
Ye wannert the road,
Heid tull the sleepy win' an boo't twa-faal,
Shoodrin yer load.

Simmer parks war kin'lier tull yer feet
Gin steens an styoo.
Bit fyles the stirkies chase't ye.
Fa wis feart? Them or you?

Yon bricht huddry buss that wis eence yer hair
Is grizzl't noo,
An ower lang scannin o the sea his bleach't
Yer een's blue.

Wark an dule an widder sharpit yer face
Tull skin ower been,
As the tides tormint an futtle
A sma' fite steen.

Weel, umman, noo it's lowsin-time, we wuss
For you a fylie's ease;
Syne, at the hinmost wa'gyaan,
Quaet seas.

WINTER IN ANGUS

Serene on the skyline a great white cat sits,
The curve of his glittering breast on the giant paws incurled.
Leonine, malevolent,
He fronts the eastern seaboard
Noonday vigil keeping in a strange heraldic world.

By the black mill stream stirs Archaeopterix,
From age-old slumber struggling to awake,
One webbed wing in air,
Oddly two-dimensional,
Incomplete caricature of bat and bird and snake.

Drab against the snowy field, squatting on his haunches,
Dragon-like, contorted, his fleshy bulk outspread,
Grim Gigantosaurus
Pause in motion,
Poises his tapering tail and small vicious head.

Herd of hunch-backed tortoises lurches up to high ground,
Deliberately tracking their prey in retreat,
Each mottled carapace
Shrouding in shadow
Downward-peering, evil eyes and blunt vestigial feet

Harried and fugitive fragments of humanity,
Huddled on the bare slopes, make their last stand.
The white cat sits vigilant,
The dun beasts draw nearer,
I walk afraid and lonely in an alien land.

Only some fir trees, ragged and windblown?
And, down by the lade where the sluice water spills,
A length of broken fencing?
And, by the dyke, potato pits,
And Geordie Martin's haystacks, and the far Fife hills?

THE AUL' WAAL

'Come oot o 'at, ye puddlin vracht,'
Skraichs the girnie wife at me.
'Ye'll tummle in an droon yersel,
Ye'll catch yer death o caul'.
Losh, quine, fit div ye get to watch
In 'at aul' wall?'

Fit div I watch? See yon spoot?
Hear the water trinklin oot?
Kep some in yon roosty mull.
Naebody badders gin ye spull,
Doon b' the aul' waal.

I'm feart at yon dark nesty place
Laich ower 'ere, at the back,
Faar green an slivvery tangles dreep
An emmerteens an gollachs creep,
An poddicks lowp an slaters crawl
Roon the eezins o the wall.

Bit I like 'at place faar it's shinin blue,
The colour o the sky;
Faar little pansy-faces teet
Atween the steens, an prood an tall
Pink foxgloves boo to see themsels
In thier lookin-gless, the waal.

An fyles on a stull hairst efterneen —
Nae breath o win' to stir
The sma fite deukie's fedder curled
Roun' the dry carl-doddie floo'er —
I see doon 'ere the Muckle Furth twa-faal,
Clood, fleein bird an the toozy heid 'ats me,
The big warl in a little warl, the waal.

'Come oot o 'at, ye puddlin vratch,'
Skraichs the girnie wife at me.
'Come awa fae 'at aul' wall,
'Ere's naething 'ere to see,'
Says she.

Violet Jacob (1863–1946)

There are certain poems which catch the public ear and imagination and then go on to suffer near strangulation by constant repetition. Such was the case with 'The Whistle' by Charles Murray and J M Caie's 'The Puddock'. There have been many other examples and in the case of Violet Jacob the public harnessed 'Tam i' the Kirk' to their, often perilous, carriage of public recitation. As has been noted in the past 'Tam i' the Kirk' both established and nearly ruined Violet Jacob. It was recited at every church social, school concert and village entertainment till those who originally loved it grew to flinch at the thought of yet another rendering. It is a measure of the strength of the poem and of the poet that both survived the experience and responded with characteristic vigour.

Violet Jacob (née Kennedy-Erskine) was a sister of the Laird of Dun and the Erskines had held the lands of Dun (situated between Brechin and Montrose) since before the fifteenth century. The Erskines were made of strong metal and were at the fore-front of the Scottish Reformation. One of Violet Jacob's ancestors, a loyal friend of John Knox, came to Aberdeen during the stormy days of the Reformation to straighten out the recalcitrant professors of King's College! She was a keen student of the life and history of the Mearns and her work reflects the great knowledge she had of the legends, lore and language of the area. She wrote several novels (*Flemington*, a Jacobite story, was particulary successful), short stories, two volumes of comic verse, many articles on history and related matters, and, like Marion Angus and Mary Symon, contributed successfully to Hugh MacDiarmid's *Northern Numbers*.

Violet Jacob was essentially a lyricist, but a lyricist with a strong control over her native doric. Her poetic voice was wholly natural and was no mere aristocratic nod in the direction of 'quaint' underlings. Clearly visible in all her verse was a deep respect for the contryside and the people of Angus, but she never allowed that respect to cloud her judgement. She had a talent for drawing her pictures with great clarity and not a little sardonic humour. Her songs are often wistful without being too sentimental. She spent many years with her soldier husband in India, Egypt and England and this, coupled with the death of her son, Harry, at the age of twenty-one in the Battle of the Somme, may have contributed to the nostalgia that is often apparent, but her native wit was never far beneath the surface of her verse. In a few words, and with deceptive simplicity, she could create vivid and powerful impressions of those things she loved so well; the Vale of Strathmore, the Sidlaws and the people who lived and earned a living on that land or off its shores.

Violet Jacob produced only four short books of verse to place alongside her more extensive prose work, but as Alexander Keith wrote at the time of her death in 1946, 'There is little doubt of Violet Jacob's being numbered in the select company of Scottish poets who will not be forgotten. Hers is the authentic note of the singer.'

THE HOWE O' THE MEARNS

Laddie, my lad, when ye gang at the tail o' the plough
  An' the days draw in,
When the burnin' yellow's awa' that was aince alowe
  On the braes o' whin,
Do ye mind o' me that's deaved wi' the wearyfu' south
  An' its puir consairns
While the weepies fade on the knowes at the river's mouth
  In the Howe o' the Mearns?

There was nae twa lads frae the Grampians doon to the Tay
  That could best us twa;
At bothie or dance, or the field on a fitba' day,
  We could sort them a';
An' at courtin'-time when the stars keeked doon on the glen
  An' its theek o' fairns,
It was you an' me got the pick o' the basket then
  In the Howe o' the Mearns.

London is fine, an' for ilk o' the lasses at hame
  There'll be saxty here,
But the springtime comes an' the hairst — an' it's aye the same
  Through the changefu' year.
Oh, a lad thinks lang o' hame ere he thinks his fill
  An his breid he airns —
An' they're thrashin' noo at the white fairm up on the hill
  In the Howe o' the Mearns.

Gin I mind mysel' an' toil for the lave o' my days
  While I've een to see,
When I'm auld an' done wi' the fash o' their English ways
  I'll win hame to dee;
For the lad dreams aye o' the prize that the man'll get,
  But he lives an' lairns,
An' it's far, far ayont him still — but it's farther yet
  To the Howe o' the Mearns.

Laddie, my lad, when the hair is white on yer pow
  An' the work's put past,
When yer hand's owre auld an' heavy to haud the plough
  I'll win hame at last,

And we'll bide our time on the knowes whaur the broom stands braw
  An' we played as bairns,
Till the last lang gloamin' shall creep on us baith an' fa'
  On the Howe o' the Mearns.

THE GEAN TREES

I mind, when I dream at nicht,
Whaur the bonnie Sidlaws stand
Wi' their feet on the dark'nin' land
And their heids i' the licht;
And the thochts o' youth roll back
Like wreaths frae the hillside track
In the Vale of Strathmore;
And the autumn leaves are turnin'
And the flame o' the gean trees burnin'
Roond the white hoose door.

Aye me, when spring cam' green
And May-month decked the shaws
There was scarce a blink o' the wa's
For the flower o' the gean:
But when the hills were blue
Ye could see them glintin' through
And the sun i' the lift;
And the flowers o' the gean trees fa'in'
Was like pairls frae the branches snawin'
In a lang white drift.

Thae trees are fair and gay
When May-month's in her prime,
But I'm thrawn wi' the blasts o' time
And my heid's white as they;
But an auld man aye thinks lang
O' the haughs he played amang
In his braw youth-tide;
And there's ane that aye keeps yearnin'
For a hoose whaur the leaves are turnin'
And the flame o' the gean tree burnin'
By the Sidlaws' side.

TAM I' THE KIRK

O Jean, my Jean, when the bell ca's the congregation
O'er the valley and hill wi' the ding frae its iron mou',
When a'body's thochts is set on their ain salvation,
Mine's set on you

There's a reid rose lies on the Buik o' the Word afore ye
That was growin' braw on its bush at the keek o' day,
But the lad that pu'd yon flower i' the mornin's glory
He canna pray.

He canna pray, but there's nane i' the kirk will heed him
Whaur he sits sae still his lane at the side o' the wa',
For nane but the reid rose kens what my lassie gied him —
It and us twa

He canna sing for the sang that his ain he'rt raises,
He canna see for the mist that's afore his een,
And a voice droons the hale o' the psalms and the paraphrases
Crying 'Jean! Jean! Jean!'

ROHALLION

Ma buits are at rest on the midden,
I haena a plack;
Ma breeks are no dandy anes, forrit,
And waur at the back;
On the road that comes oot o' the Hielands
I see as I trayvel the airth
Frae the braes at the back o' Rohalloin
The reek abune Pairth.

There's a canny wee hoose wi' a gairden
In a neuk o' Strathtay;
Ma mither is bakin' the bannocks,
The weans are at play;
And at gloamin' ma feyther, the shepherd,
Looks doon for a blink o' the licht
When he gethers the yowes at the shieling
Tae fauld them at nicht.

There isna a hoose that could haud me
  Frae here tae the sea
When a wind frae the braes o' Rohallion
  Comes creepin' tae me;
And niver a lowe frae the ingle
  Can draw like the trail an' the shine
O' the stars i' the loch o' Rohallion
  A fitstep o' mine.

There's snaw i' the wind, an' the weepies
  Hang deid on the shaw,
An' pale the leaves left on the rowan,
  I'm soothward awa';
But a voice like a wraith blaws ahint me
  And sings as I'm liftin' ma pack,
'I am waitin' — Rohallion, Rohallion —
  Ma lad, ye'll be back!'

THE NEEBOUR

Auld Kate's awa. November-month
  They laid her oot an' got her kistit
And had her pitten east the kirk
  (There wasna ane that wad hae miss'd it!)
Her door is lockit, cauld's the lum,
There's nane tae gang and nane tae come.

Her yett hangs rattlin' i' the wind,
  The tattie-shaws are black and rotten,
For wha's tae lift them? 'Let them bide,'
  The neebours say, 'she's best forgotten.'
They'll tell ye that her hoose is toom,
Forbye the rats in ilka room.

'Twixt her and me was just the wa',
  A wheen o' bricks oor hame dividit,
This lanesome loanin held us baith,
  My but-an-ben wi' hers aside it;
But ne'er a wean cam' nigh the place
For dreid he'd see her evil face.

The verra dogs gaed fleein' by,
  And, gin that Kate was oot an' tryin'
Tae cast a bodle till a tink,
  He wadna touch't — he'd leave it lyin'!
Mysel', I let sic havers be.
I didna care a curse — no me.

But noo — but noo — I wauk o' nichts
  And smoor my heid; I daurna lift it
Lest yont the wa' there comes a soond
  O' ane that's deid but hasna shiftit
And aye seeks hameward through the mirk —
She'll no lie easy by the kirk!

And when my workin' day is by
  I seek my door as daylicht's deein'
It's sweir I am tae lift my een,
  I'm like the bairns — I'm no for seein'!
Lord mind o' me — I ken there's ane
At the dairk side o' the windy-pane!

PRIDE

Did iver ye see the like o' that?
The warld's fair fashioned to winder at!
Heuch — dinna tell me! Yon's Fishie Pete
That cried the haddies in Ferry Street
Set up wi' his coat an' his grand cigars
In ane o' thae stinkin' motor-cars!

I mind the time (an' it's no far past)
When he wasna for fleein alang sae fast,
An' doon i' the causey his cairt wad stand
As he roared oot 'Haddies!' below his hand;
Ye'd up wi' yer windy an' doon he'd loup
Frae the shaft o' the cairt by the sheltie's doup.

Aye, muckle cheenges an' little sense,
A bawbee's wit an' a poond's pretence!
For there's him noo wi' his neb to the sky
I' yon deil's machinery swiggit by,
An' me, that whiles gied him a piece to eat,
Tramps aye to the kirk on my ain twa feet.

And neebours, mind ye, the warld's agley
Or we couldna see what we've seen the day;
Guid fortune's blate whaur she's weel desairv't
The sinner fu' an' the godly stairv't
An' fowk like me an may auld guidman
Jist wearied daein' the best we can!

I've kept my lips an' my tongue frae guile
An' kept mysel' to mysel' the while;
Agin a' wastrels I've aye been set
And I'm no seekin' to thole them yet;
A grand example I've been through life
A righteous liver, a thrifty wife.

But oh! the he'rt o' a body bleeds
For favours sclarried on sinfu' heids.
Wait you a while! Ye needna think
They'll no gang frae him wi' cairds an' drink!
They'll bring nae blessin', they winna bide,
For the warst sin, neebours, is pride, aye, pride!

THE GANGREL

It's ye maun whustle for a breeze
  Until the sails be fu';
They bigg yon ships that ride the seas
  To pleasure fowk like you.

For ye hae siller i' yer hand
  And a' that gowd can buy,
But weary, in a weary land,
  A gangrel-loon am I.

Ye'll feel the strang tides lift an' toss
  The scud o' nor'land faem,
And when ye drap the Southern Cross
  It's a' roads lead ye hame.

And ye shall see the shaws o' broom
  Wave on the windy hill,
Alang the strath the hairst-fields toom
  And syne the stackyairds fill.

Ye'll hear fu' mony a raittlin' cairt
  On Forfar's causey-croon,
Wi' young stirks loupin' to the mairt
  That roars in Forfar toon.

O' nichts, ayont yer snibbet door,
  Ye'll see in changeless band,
Abune Graig Oule, to keep Strathmore,
  The stars of Scotland stand.

But tho' ye think ye sicht them fine,
  Gang ben an' tak' yer rest,
Frae lands that niver kent their shine
  It's me that sees them best!

For they shall brak their ancient trust,
  Shall rise nae mair nor set,
The Sidlaw hills be laid in dust
  Afore that I forget.

Lowse ye the windy-sneck a wheen,
  An' glowre frae ilka airt.
Fegs! Ye may see them wi' yer een —
  I see them wi' my he'rt!

THE HEID HORSEMAN

O Alec, up at Soutar's fairm,
  You thats sae licht o' he'rt,
I ken ye passin' by the tune
  Ye whustle i' the cairt;

I ken the rowin' o' the wheels,
  The clank o' haims an' chain,
And set abune yer stampin' team
  I see ye sit yer lane.

Ilk morn agin' the kindlin' sky
  Yer liftit heid is black,
Ilk nicht I watch ye hameward ride
  Wi' the sunset at yer back.

For wark's yer meat and wark's yer play,
  Heid horseman though ye be,
Ye've ne'er a glance for wife nor maid,
  Ye tak' nae tent o' me.

And man, ye'll no suspec' the truth,
  Tho' weel I ken it's true;
There's mony ane that trails in silk
  Wha fain wad gang wi' you.

But I am just a serving-lass
  That toils to get her breid,
And oh! ye're sweir to see the gowd
  I braid about my heid.

My cheek is like the briar rose
  That scents the simmer wind,
And fine I'd keep the wee bit hoose
  Gin I'd a man to mind!

It's sair to see, when ilka lad
  Is dreamin' o' his joe,
The bonnie mear that leads yer team
  Is a' ye're thinkin' o'.

Loke fire upon her satin coat
  Ye gar the harness shine
But laddie, theres a safter licht
  In thae twa een o' mine!

Aye, wark yer best — but youth is short,
  An' shorter ilka year —
There's ane wad gar ye sune forget
  Yon limmer o' a mear!

THE HELPMATE

I hae nae gear, nae pot nor pan,
  Nae lauchin' lips hae I;
Forbye yersel' there's ne'er a man
  Looks roond as I gang by.

And a' fowk kens nae time I've gied
  Tae daft strathspey and reel,
Nor idle sang nor ploy, for dreid
  O' pleasurin' the deil.

Wi' muckle care ma mither bred
  Her bairn in wisdom's way;
Come Tyesday first, when we are wed,
  A wiselike wife ye'll hae.

The best ye'll get, baith but an' ben,
  Sae mild an' douce I'll be
Yer hame'll be yer haven when
  Ye're married upon me.

Ye'll find the kettle on the fire,
  The hoose pit a' tae richts,
And yer heid in the troch at the back o' the byre
  When ye come back fu' o' nichts.

THE WARLD

The warld's aboot the queerest place —
  Ye couldna just say foo tae tak it —
And queer the fowk o' human race
    Mak it.

Ye'll hae a plack for them that beg,
  Ye'll lift a lame dog owre the stiles
He'll roond an' hae ye by the leg
    Whiles.

Ye'll dae yer best — ye can nae mair —
  Ill-gittit fowk will hae ye huntit
And niver lowse until ye're fair
    Affrontit.

And whiles I've thocht 'I winna wait
  Tae gie them back as guid's they gie,'
But a' the same I didna dae't —
    No me!

The women's tongues, baith loud an' saft,
  Bring oot the thrawness o' their naturs,
But fine I see they're nocht but daft,
    Puir craturs.

Lord! I hae wished Eliza dumb,
  Her ragin' was that strang and stoot;
Yet, at her kistin', I was some
    Pit oot.

The mair ye gie the less ye'll get,
  The road's aye reuch, whaure'er ye strike it,
The warld's a heap o' durt — an' yet
    Ye like it.

THE BALTIC

'Whaur are ye gaen sae fast, my bairn,
  It's no tae the schule ye'll win?'
'Doon tae the shore at the fit o' the toon
  Tae bide till the brigs come in.'

'Awa' noo wi' ye and turn ye hame,
  Ye'll no hae time tae bide;
It's twa lang months or the brigs come back
  On the lift o' a risin' tide.'

I'll sit me doon at the water's mou'
  Till there's niver a blink o' licht,
For my feyther bad' me tae tryst wi' him
  In the dairkness o' yesternicht.'

'Rise ye an' rin tae the shore,' says he,
  'At the cheep o' the waukin' bird,
And I'll bring ye a tale o' a foreign land
  The like that ye niver heard.'

'Oh, haud yer havers ye feckless wean,
  It was but a dream ye saw,
For he's far, far north wi' the Baltic men
  I' the hurl o' the Baltic snaw;

And what did he ca' yon foreign land?'
'He tell'tna its name tae me,
But I doot it's no by the Baltic shore,
For he said there was nae mair sea.'

THE JAUD

'O what are ye seein', ye auld wife,
I' the bield o' the kirkyaird wa'?'
'I see a place whaur the grass is lang
Wi' the great black nettles grawn fierce an' strang
And a stane that is clour'd in twa.'

'What way div ye glower, ye auld wife,
Sae lang on the whumml'd stane?
Ye hae nae kin that are sleepin' there,
Yer three braw dochters are guid an' fair
An ilk wi' a man o' her ain!

'There's dule an' tears i' yer auld een
Tho' little eneuch ye lack;
Yer man is kindly, as weel ye ken,
Yer fower bauld laddies are thrivin' men
And ilk wi' a fairm at his back.

'Turn, turn yer face frae yon cauld lair
And back tae yer plenish'd hame;
It's a jaud lies yont i' the nettle shaws
Whaur niver a blink o' the sunlicht fa's
On the mools that hae smoor'd her name.'

'Her hair was gowd like the gowd broom,
Her een like the stars abune,
Sae prood an' lichtsome an' fine was she
Wi' her breist like the flowers o' the white rose tree
When they're lyin' below the mune.'

'Haud you yer havers, ye auld wife,
Think shame o' the words ye speak,
Tho' men lay fast in her beauty's grip
She brocht the fleer tae the wumman's lip
An' the reid tae the lassie's cheek.

'Ye've lived in honour, ye auld wife,
  But happit in shame she lies,
And them that kent her will turn awa'
When the Last Day braks tae the trumpet's ca'
  And the sauls o' the righteous rise.'

'Maybe. But lave me tae bide my lane
  At the fit o' the freendless queyn;
For oh! wi' envy I'm like tae dee
O' the warld she had that was no for me
  And the kingdom that ne'er was mine!'

MAGGIE

Maggie, I ken that ye are noo in glory
  And nane can gar ye greet;
The joy o' Heaven are ever mair afore ye,
  Its licht about yer feet.

I ken nae waefae thochts can e'er be near ye,
  Nor sorrow fash yer mind;
In yon braw place they winna let ye weary
  For him ye left behind.

Thae nichts an' days when dule seems mair nor double,
  I'll need to dae my best,
For aye ye took the half o' ilka trouble,
  And noo I'd hae ye rest.

Yer he'rt'll be the same he'rt since yer flittin'
  Gin auld love doesna tire,
Sae dinna look and see yer lad that's sittin'
  His lane aside the fire.

The sky is keen wi' dancin' stars in plenty
  The New Year frost is strang;
But, O my lass! Because the auld year kent ye,
  I'm sweir to let it gang'!

But time drives forrit; and on ilk December
  There waits a New Year yet,
And naething bides but what our he'rts remember —
  Maggie, ye'll no forget?

HALLOWE'EN

The tattie-liftin's nearly through
They're ploughin' whaur the barley grew,
  And aifter dark, roond ilka stack,
  Ye'll see the horsemen stand an' crack.
O Lachlan, but I mind o' you!

I mind foo often we hae seen
Ten thoosand stars keek doon atween
  The nakit branches, an' below
  Baith fairm an' bothie hae their show,
Alowe wi' lichts o' Hallowe'en.

There's bairns wi' guizards at their tail —
Clourin' the doors wi' runts o' kail,
  And fine ye'll hear the skreichs an' skirls
  O' lassies wi' their droukit curls
Bobbin' for aipples i' the pail.

The bothie fire is loupin' het,
A new heid horseman's kist is set
  Richts o' the lum; whaur by the blaze
  The auld ane stude that kept yer claes —
I canna thole to see it yet!

But gin the auld fowks' tales are richt
An' ghaists come hame on Hallow nicht,
  O freend o' freends, what wad I gie
  To feel ye rax yer hand to me
Atween the dark an' can'le-licht?

Awa' in France, across the wave,
The wee lichts burn on ilka grave,
  An' you an' me their lowe hae seen —
  Ye'll mebbe hae yer Hallowe'en
Yont, whaur ye're lyin' wi' the lave.

There's drink an' daffin', sang an' dance,
And ploys and kisses get their chance,
  But Lachlan, man, the place I see
  Is whaur the auld kist used to be
And the lichts o' Hallowe'en in France!

John C Milne (1897-1962)

There is a story told of a minister in the Buchan area who was doing the rounds of his parish. He came upon Andra, a retired farm labourer who had put his energies into creating a much-admired garden around his cottage. 'The Lord has been hard at work here, I see, Andrew,' said the minister. 'Weel, he micht hae been, minister,' retorted Andra, 'bit he needit a gie big han' fae me!'

It's the sort of story that John C Milne would have enjoyed, for his poetry is peopled by characters who, like Andra the gardener, demonstrate the grit, independence, practical common sense and sound knowledge of their own worth that is so characteristic of the Buchan folk so obviously admired by John Milne himself.

Of farming stock, John Milne was born at Memsie, Aberdeenshire and educated at Fraserburgh Academy. At Aberdeen University he took an MA degree with First Class honours in English and Mental Philosophy. While lecturing at King's College he added Moral Philosophy to his First Class honours and was to return to the University again in 1936 to win First Class honours in Geography!

In 1926 John Milne went to Rose's Academical Institute in Nairn as principal teacher of English and History but left the following year to become assistant Master of Methods at Aberdeen College of Education. He was later to become principal lecturer in Geography at the college, an appointment he combined with the head-mastership of the Demonstration School, then attached to the college. He continued in these two roles until 1952 when he was appointed principal Master of Methods at the college.

At the College of Education John Milne was to inspire countless teachers and his friendliness coupled with a mind fully attuned to the needs of both teachers and those taught combined to give him an almost legendary quality for so many who came in contact with him. He appears to have been a man ideally suited to the training of teachers. As one reads the poems of John Milne one becomes fully aware of the concern and love he had for the young people of the Northeast be they on the farm or just starting out in the classroom. In John Milne, the orra loon and kitchie deem found a worthy champion as did many a country dominie beset by the wiles of his pupils.

His verse is always lively and sparkles with wit and good humour, but he is never patronising and never descends to maudlin sentimentality. He was well aware of the faults that bedevil all mankind and that being born in Buchan did not excuse one from sharing them. But he admired the independent spirit of the Buchan folk and the perseverance that had made them masters 'at garrin' a'thing sproot'. He died in 1962, and is sadly missed by all who knew him. As one of his colleagues wrote at the time of his death, 'Love' is a word which many will unblushingly use to express the strength of their feeling for him, and that word, on a Buchan tongue, is high tribute indeed.'

Now the small country school and the orra loon too are passing into legend, but as long as the poems of J C Milne are with us their spirit will be very much alive.

JOHN C MILNE

TEMPORA MUTANTUR

As I gaed doon by Memsie
I heard an aul' man speir,
'Faur's the bonnie dialect
That aince wis spoken here?

And faur's the weel-faurt fairm
Wi, a'thing snod and ticht,
The steadin doors new pintit,
The harness shinin bricht?

The strappin foreman billy
That chawed the Bogie-Roll?
The hame-owre Memsie menners
Oor gentry cou'dna thole?

The swack and swuppert baillie?
The banie plooman chiel?
The cadger wi' his cairtie?
The fishwife wi' her creel?

The steady fine-gyaun pairie?
The bonnie straucht-plooed rig?
The willin weel-shod sheltie?
The spring-cairt and the gig?

The gweed God-fearin fairmer,
Wi' weel-worn wincey sark,
Wha nivver missed a sermon
For widder or for wark?

The gude-wife in he gran'eur,
Wi' a'thing in its place,
The floories in her bonnet,
Her gartens and her lace?

The brose-caup and the skimmer?
The milkin-steel? The quine
That rose afore the mornin
And beddit efter nine?

The hame-made mealy puddins
Ma mither used to mak?
The wifie wi' the besoms?
The mannie wi' the pack?

The grauvit and the dickie?
The weel faurt fuskert face?
The double-breestit watch-chine?
The gweed lang Sunday grace?

The sowens and sautie-bannocks?
The neep-brose and the kale
The deece? the aul' melodeon?
And faur's the meal-an-ale?

The moggens and the moleskins?
The bonnie biggit stack?
The baals and barn dances
That gart the riggin shak?

The weel-kent cornkister?
The dam-brod and the cairts?
And faur's the lowe o' learnin
That made the lad o' pairts?

The birn o' barfit bairnies
That cam to Memsie skweel
Fae smiddy, craft and fairm,
And cotter-hoose as weel?

Ay, faur's the Memsie mither
That gart the cradle rock?
The man o' Gweedly learnin
That cam to see her flock —

The peat fire in the parlour,
The littlins in a raw,
The muckle aspidistra
The maisterpiece o' a'?

O faur's the aul' religion
That keepit kirk and toun?
And faur's the deid soo's bledder?
Dyod, faur's the orra loon?'

JOHN C MILNE

I WADNA BE AN ORRA LOON

I wadna be an orra loon
For a' the warld's gear!
I wadna be an orra loon,
I'd raither stick te lear!

Pu'in neeps, wi' hackit han's,
Scrapin dubs and sharny kye,
Howkin holes te beery nowt,
Reddin midden-drains forbye.

Dichtin moose-wobs aff the riggin,
Spittin wyvers fae ma mou',
Ficherin wi' a futlie-beelin,
Scrubbin hard a skirlin soo.

Drivin fat nowt te the market,
Wi a breem-buss for a staff,
Blawin, pyoochin, hachin, sneezin,
Fullin chaumer-beds o' caff.

Hyowin lang and dreich neep-dreels,
Yarkin on ahin the grieve,
Wishin I were Mains or Hilly,
Never rowein up a sleeve.

Warslin sair wi' shaves and thrissles,
Sweirin like the crack o' doom,
Sittin by the kitchie-fire
Powkin stobbies fae ma thoom.

Cuttin green-corn for the milkers,
Blaudin a' the gweed scythe-blade
Till the grieve, gane gyte wi' fury,
Sweirs he'll droon me in the lade.

Reistit on a load o' rakeins
That gangs deistin ower the stanes,
Mebbe tummlin heelster-gowdie,
Brakkin baith ma collar-banes.

Booet twa-faul ahin the deevil,
Haivin tatties in a scull,
Wi' ma frostet fingers dirlin
Like the shakkers o' a mull.

Bidein in a cauldrife chaumer
Faur there's nocht but caun'le-licht,
Wauken't wi' the rottans rattlin
In the riggin o' the nicht.

Loupin lang afore the mornin,
Lang afore the scrauchin cock,
Sittin in the deid o' winter,
Steerin brose at sax o'clock.

I wadna be an orra loon
For a' the warld's gear!
O, I wadna be an orra loon,
I'd raither stick te lear!

THE PROPOSAL

Ye'll get hens that'll keckle a' winter,
Birns o' reid-kamed cocks,
Hame-ower turkeys that gobble,
And reid-luggit bubbly-jocks;

Rich ream-bannocks and butter,
Sweet-milk kebbucks o' cheese,
And honey as clear as yer een, lass,
Fae three muckle skeps o' bees;

The best biggit hoosie in Buchan
That sits on the tap o' the brae,
And sheets o' my mither's great-granny's —
Od, lassie, fut mair wad ye hae!

JOHN C MILNE

COUNTRY MATTERS

Hey Jean!
Ay Jock!
Gie's a kiss!
G'wa ye gock!

Nae ane?
Ne feth!
Nae leein?
Sure's death!

Nae nane?
Nae the nicht!
Futna wye?
It's nae richt!

C'wa quine!
Nae the noo!
Fut's adee?
A wauch mou!

Jean Gowe,
Ee're gyte!
Ye muckle gomeril,
Jock Fite!

O LORD LOOK DOON ON BUCHAN

O Lord look doon on Buchan
And a' its fairmer chiels!
For there's nae in a' Yer warld
Mair contermashious deils!

Yet tak a thocht afore Ye lat
Yer wrath and vengeance fa',
For sic weet and clorty widder
Wid gar ony human thraw!

But still an' on Ye ken richt weel
Their sowls are unca teuch,
And Lord fin a' is said and dane
Ye've tholed them lang aneugh.

And yet gin Ee'd come doon and tak
A dauner roon aboot
Ye'd sweir there wisna better han's
At garrin a'thing sproot.

So coontin up and coontin doon
The richt o't and the wrang,
Ye'd best hae patience, Lord, a fyle,
But Lord, O Lord, foo lang?

JEAN CALDER

Fin first I sa' Jean Calder
A winsome lass was she,
Walkin doon the Spital
Wi' a lad I wished was me!

Fin neist I sa' Jean Calder
Wow! she lookit grim
Wi' twenty years o' teachin'
And drivin learnin in!

Fin last I sa' Jean Calder
She'd squander'd breath and brain
On mony a hunner littlins,
And deil the ane her ain!

O FOR FRIDAY NICHT!

O for Friday nicht!
Friday — hame and hummin!
O for Friday nicht!
Friday's lang o' comin!

Noo lat's hae Geography!
Fut's the toun for jute?
Sit at peace, Jemima!
Kirsty, dry yer snoot!
Hey there, Wullie Wabster!
Stop powkin in yer breist!
Fut? a horny-golloch!
Gweed be here, fut neist!

Faur's the Granite City?
Weel, Georgina Broon?
Glesga? Haud yer weesht, quine!
Glesga's just a toun!
Buckie? Hoots an' havers!
The Broch? Preserve us a'!
Hey there, Geordie Gammie!
Pit that preen awa!

O for Friday nicht!
Friday — hame and hummin!
O for Friday nicht!
Friday's lang o' comin!

Noo lat's hear yer spellin's!
Fut? Ye got nane oot!
A'richt — Nature Study!
Fut gars tatties sproot?
Heat and moisture — fairly!
Fut mair, Wullie Gurk?
Fairmers! Gweed preserve's man!
Fairmers dinna work!

Dod, tak' in the bottles!
Fa wants milk the day?
Gweed be here, fut's wrang, Jock?
Needin anither strae?
No! Weel, man, fut gars ye
Stan' there and goup and glower?
Twa deid fleas in yer bottle!
Be thankfu' there's nae fower!

O for Friday nicht!
Friday — hame and hummin!
O for Friday nicht!
Friday's lang o' comin!

Fa wid like some singin?
A'richt, sough awa!
'The Smith's a Gallant Fireman'
Or 'Charlie's Noo Awa'.
Sing oot, Susie Simmers!
Rax yer mim-like mou!
Megstie me, Jean Tulloch!
Ye're lowein like a coo!

Noo for Table Mainners!
Specially you, Jock Broon!
Dyod, man, fin ye're suppin,
Sic a slubberin soun'!
And you Bell Bowie Baxter!
As far's ye're mebbe able
Try and haud yer elbucks
And spleeters aff the table!

O for Friday nicht!
Friday — hame and hummin!
O for Friday nicht!
Friday's lang o' comin!

Noo tak' oot yer pencils!
Draw — the Aul' Kirk spire!
Fut's that, Jock? Ye're wantin
Te draw the skweel on fire!
A'richt, fire aheid then!
Gar the biggin bleeze!
Gweed be here, Jean Gordon!
Fut gars ye scratch yer knees?

Dyod, faur's Meggie Mitchell?
Doon aneth her seat?
Tint her sweetie boolie?
Jock, haud in yer feet!
Hing in noo, Jean Calder!
You tee, Muggsie Wugs!
Loshtie me, Bill Boddie!
Fan did ye wash yer lugs?

O for Friday nicht!
Friday — hame and hummin!
O for Friday nicht!
Friday's lang o' comin!

Govie Dick — the Register!
Fa's nae here the day?
Jockie Todd — the nickum!
Granny's washin day!
Jeannie — German measles!
Tammas — twa blin' lumps!
Jamie Tough? Fut's that, Jean?
His mither's takin mumps?

Noo the aucht times table!
Weel dane, Wullie Flett!
Man, ye'll be Director
O' the coonty yet!
Fut's that? No ye wunna!
Weel, weel, please yersel'!
Dyod, it's time for lowsin!
Wullie, ring the bell!

Geordie, shak' the duster!
Jean, pit past the chack!
Fut's that, Wullie Wabster?
A wyver on my back!
Jock, the aspidistra!
Tak' it te the sink!
Canny wi't, ye gomeril!
It's aul'er then ye think!

Noo, a word o' warnin
Afore ye tak' the road!
There's twa Inspectors comin —
Haud yer tongue, Jock Todd!
Twa Inspectors comin
Te — fut's adee, Jean Squairs?
Yer mither's mebbe comin?
Wha the deevil cares!

O for Friday nicht!
Friday — hame and hummin!
O for Friday nicht!
It's been gey lang o' comin!

CO-EDUCATION

Losh! fut's waur
Than teachin loons
Wi' halflin's havers
In their croons?

Gosh! fut's waur
Than teachin quines
Wi' clashmaclavers
In their min's?

Waur than t'ane!
And waur than t'ither!
Teachin loons and
Quines thegither!

DICHT YER NIB, GEORDIE!

Dicht yer nib, Geordie!
Sic a like snoot!
Dicht yer nib, Geordie!
Faur's yer fite clout?
Hoot awa, Geordie!
Dae what ye can
Wi' sleeve o' yer jacket
Or back o' yer han'.

A heid fu' o' ferlies,
A roch scabbit mou'
Or weel-barkit lugs
Gar a dominie grue!
But Geordie, O Geordie!
It's fairly dings a'!
An orra-like snoot
Aye dribblin awa.

So dicht yer nib, Geordie!
Sic a like sicht!
Dicht yer nib, Geordie!

Gie't a gweed dicht!
Dicht yer nib, Geordie!
Quick as ye can
Wi' sleeve o' yer jaicket
Or back o' yer han'.

DOMINIE DANDIE (TWO)

I've been te skweel and college and hae ta'en a gweed degree,
And noo I think I'm thinkin it's a teacher I wid be!
And in twa-three years I'se warrant, gin the warld's waggin weel,
They'll mak' me Dominie Dandie wi' a couthy country skweel!

I widna gang stravaigin aye awa te Aiberdeen
And yonner at Pittodrie stan' and shiver in my sheen,
And ca' the Dons for a'thing like an orra workin chiel,
Gin I were Dominie Dandie wi' a couthy country skweel.

And ilka Sunday mornin te the kirk I'd walk in style,
Wi' a muckle black umbrella and a swagger and a smile,
And I'd nivver miss a sermon for widder, sark or peel,
Gin I were Dominie Dandie wi' a couthy country skweel.

Nae wyvers and their moose-wobs wid be hingin on the wa's,
But twa-three pintit picters o' a lichthoose and sea-ma's,
A haul o' herrin drifters or a fish-wife wi' her creel,
Gin I were Dominie Dandie wi' a couthy country skweel.

Awa wi' a' yon dominies — there's antrin anes I ken —
Wha dinna start their wark at nine but aftener nearer ten!
And sometimes gar their littlins gang and hyowe their tattie-dreels,
Or weed their gairden grun instead o' workin in their skweels!

And after fin it's lookin like a dribblin drap o' rain,
Gweed sakes, they mark a double and lat a' the littlins hame!
And syne gang gallivantin wi' fishin-rod and reel,
Thinkin mair o' troot and salmon than a couthy country skweel.

I wid tell my young Assistants they maun cheep afore they craw,
And Nick the Deevil tak' them gin they pintit clook or claw!
And the muckle sorra thraw them gin they'd lipstick on as weel
And scunnert Dominie Dandie in his couthy country skweel!

Gweed befa' the dominie wha gars his littlins learn!
Though at times he tak' 'Black Darky' te a sweir and thrawn-like bairn!
But ill befa' the dominie wha tries te mak' a feel
O' ony loon or littlin in his couthy country skweel!

Fae Monday morn till Friday nicht I'd yark the learnin in,
Though I widna touch the fancy frills, for that wid be a sin!
Nae drawin, singin, dancin — they're the cantrips o' the Deil!
Na, I widna hae sic ongauns in my couthy country skweel.

But O the reams o' writin a' my littlins aye wid dae!
And siccan lists o' spellin's ilka nicht they'd learn for me!
And dyod the aul' Director wid dance a highland reel
Gin he cam', but that's nae likely, te my couthy country skweel.

They wid hear o' Bruce and Wallace till their bleed gaed dirlin ben,
And the glory o' the clansmen wha nae langer win the glen,
And they'd learn aul' Scots ballads, ay, and sup their sowens at Eile,
Gin I were Dominie Dandie wi' a couthy country skweel.

And gin a grey-haired granny cam' te nyatter in my lugs
That the skweel wis fu' o' ferlies blaudin a' her Muggsie Wugs,
I wid lat her yarp and yammer till her tongue took time to queel,
And afore she left she'd whisper, 'It's a couthy country skweel!'

Yon pictur-makin mannie — ay, his photographs ye ken,
Wi' the littlins in the middle and the teacher at the en' —
I widna waste a haill day's wark on yon commercial chiel,
Gin I were Dominie Dandie wi' a couthy country skweel.

I widna mak' for Paris fin it cam' to Simmer play,
And connach a' my conscience and the siller I micht hae!
I'd awa wi' kilt and rucksack te the Hielan' Hills te speil,
Gin I were Dominie Dandie wi' a couthy country skweel.

And fin I'd time te think o't I wid mebbe tak' a wife,
For an umman body's handy maistly a' yer wedded life,
For makin mealy dumplins and darnin tae and heel,
Or takin in the siller teachin littlins in the skweel.

God bless a' kirk ministers and keep them in gweed bin!
For they're aye on a' committees and wi' them ye'd best haud in!
And Deevil tak' the hindmost wha widna wish me weel
And mak' me Dominie Dandie wi' a couthy country skweel.

JOHN C MILNE

GEORDIE WABSTER

Weel, Geordie Wabster,
Fut excuse the day?
Please, sir, please, sir,
It wis ma muckle tae!
For comin doon by Meerton,
Wi' naether hose nor sheen,
A muckle loupin puddock
Gart me stotter owre a stane.

I doot, Geordie Wabster,
That wunna tell!
Please, sir, please sir,
I didna hear the bell!
For I trampit on a bees byke
Nae for fae Nedderbogs,
And I cou'dna hear the clapper
for the buzzin in ma lugs.

Losh, Geordie Wabster,
Fut's this te me noo!
Please, sir, please, sir,
It wis the grunny soo!
For I wis barely roadit,
Fin oot me mither cam' —
'Rin, Geordie, for the fusky,
Aul' Stinker's ta'en a dwam!

Hoots, Geordie Wabster!
Are ee gyaun gyte?
Please, sir, please, sir,
'Twis a' ma mither's wyte!
For she hid a maist byordnar caul'
This mornin fin she rose,
And she cou'dna get ma porridge steert
For dichtin at her nose.

I doot, Geordie Wabster,
I doot ye're tellin lees!
Please, sir, please sir,
'Twis mither's new cheese!
For it connacht a' ma stomack,

And it cam' te sic a heicht,
I wis rowein like a bowie
In the riggin o' the nicht.

Gweed be here, Geordie!
This wunna dae ava!
Please, sir, please, sir,
I widna like te blaw,
But the verra morn's mornin
I'll wauken wi' the cock,
And come skelpin doon te Memsie
Fin it's ringin aucht o'clock.

A'richt, Geordie,
Ye'll be in time the morn?
Ay sir, as sure's the boodie's
Watchin Hilly's corn.
And please, sir, please, sir,
Thats nae lee ava!
We'll lat that flea, Geordie,
Stick te the wa'!

Charles Murray (1864–1941)

In 1933 it was announced that a poem by a certain poet was to appear in the Aberdeen *Press and Journal*. So great was the demand to get hold of copies of the poem that by 9a.m. the first edition of the paper was sold out and a further two prints had to be rushed on to the streets that day. The poem was 'There's Aye a Something' and the poet was Charles Murray. Such was the stature of the man and such was the esteem in which his poetry was held by the folk of the Northeast.

Charles Murray was born in Alford, Aberdeenshire in 1864 where he later attended Gallowhill School. In 1881 he was apprenticed to a firm of civil engineers and surveyors in Aberdeen and this was to set the course of his professional life. He emigrated to South Africa in 1888 and rose rapidly in his chosen profession until in 1910 he was apponted Secretary for Public Works to the Union of South Africa.

In spite of his success in civil engineering and the academic honours bestowed on him, he never lost his love of the Vale of Alford, its people and in particular its language. And it was not only the survival of the vernacular language, but also the rural customs, traditions, crafts and buildings that drew his interest. He made frequent visits back to Aberdeenshire on leave and his poetry speaks in the true voice of the Vale—something that delighted his father, Peter. Charles Murray must have found the writing of poetry a healthy counterbalance to the hard practicality of engineering and also an opportunity to consider with an outsider's eye the many and varied facets of the area of his birth and its people. His poems were an immediate success and have continued to be steady sellers since their first publication.

Wherein lies the secret of their success? They have not been without their critics, although much of the criticism seems irresponsible if not, indeed, irrelevant. One suspects that what really annoyed Charles Murray's critics was the very fact that his verse was successful and was readily accessible to all.

He spoke in a voice that immediately drew the attention of his audience—their ears attuned to and their minds in sympathy with a man who spoke in pure, straightforward Scots: no synthetics necessary and no forays into obscurity to attract academic posturing. He peopled his poems, whether humorous or serious, with characters who were instantly recognisable to his readers and this too made his work attractive.

There are among his poems some that seem purely nostalgic and sentimental, but there is nothing wrong with nostalgia and sentiment when it is balanced by the biting reality that is portrayed in 'Dockens Afore His Peers'. Equally, both nostalgia and sentiment are potent human qualities and a lack of them would make the poems unfeeling and contrived.

Charles Murray died in Banchory, Kincardineshire in 1941 but his success as a poet lives on. In 1979 '*Hamewith: The Complete Poems of Charles Murray*' was published for the Charles Murray Memorial Trust by Aberdeen University Press and was to prove, like all editions of his work in the past, an instant publishing success.

DOCKENS AFORE HIS PEERS
(Exemption tribunal)

Nae sign o' thow yet. Aye, that's me, John Watt o' Dockenhill:
We've had the war throu' han' afore, at markets ower a gill.
O ay, I'll sit, birze ben a bit. Hae, Briggie, pass the snuff;
Ye winna hinner lang wi' me, an' speer a lot o' buff,
For I've to see the saidler yet, an' Watchie, honest stock,
To gar him sen' his 'prentice up to sort the muckle knock,
Syne cry upo' the banker's wife an' leave some settin' eggs,
An' tell the ferrier o' the quake that's vrang aboot the legs.
It's yafa wedder, Mains, for Mairch, wi' snaw an' frost an' win',
The ploos are roustin' i' the fur, an' a' the wark's ahin'.
Ye've grun yersel's an' ken the tyauve it is to wirk a ferm,
An' a' the fash we've had wi' fouk gyaun aff afore the term;
We've nane to spare for sojerin', that's nae oor wark ava',
We've rents to pey, an' beasts to feed, an' corn to sell an' saw;
Oonless we get the seed in seen, faur will we be for meal?
An' faur will London get the beef they leuk for aye at Yeel?
There's men aneuch in sooter's shops, an' chiels in mason's yards,
An' coonter-loupers, sklaters, vrichts, an' quarrymen, an' cyaurds,
To fill a reg'ment in a week, without gyaun vera far,
Jist shove them in ahin' the pipes, an' tell them that it's 'War';
For gin aul' Scotland's at the bit there's naethin' for't but 'list.
Some mayna like it vera sair, but never heed, insist.
Bit, feich, I'm haverin' on like this, an' a' I need's a line
To say there's men that maun be left, an' ye've exemptit mine.
Fat said ye? Fatna fouk hae I enoo' at Dockenhill?
It's jist a wastrie o' your time, to rin them throu', but still —
First there's the wife — 'Pass her', ye say. Saul! had she been a lass
Ya hadna rappit oot sae quick, young laird, to lat her pass,
That may be hoo ye spak' the streen, fan ye was playin' cairds,
But seein' tenants tak' at times their menners fae their lairds,
I'll tell ye this, for sense an' thrift, for skeel wi' hens an' caur,
Gin ye'd her marrow for a wife ye wouldna be the waur.
Oor maiden's neist, ye've herd o' her, new hame fae buirdin' squeel,
Faur she saw mair o' beuks than broth, an' noo she's never weel,
But fan she's playin' ben the hoose, there's little wird o' dwaams,
For she's the rin o' a' the tunes, strathspeys, an' sangs, an' psalms;
O' 'Evan' an' 'Neander' baith, ye seen can hae aneuch,
But 'Hobble Jeanie' gars me loup, an' crack my thooms, an' hooch.
Weel, syne we hae the kitchie deem, that milks an' mak's the maet,
She disna aft haud doon the deese, she's at it ear' an' late,

She carries seed, an' braks the muck, an' gies a han' to hyow,
An' churns, an' bakes, an' syes the so'ens, an' fyles there's peats to rowe.
An' fan the maiden's frien's cry in, she'll mask a cup o' tay,
An' butter scones, and dicht her face, an' cairry ben the tray,
She's big an' brosy, reid an' roch, an' swippert as she's stoot,
Gie her a kilt instead o' cotts, an' thon's the gran' recruit.
There's Francie syne, oor auldest loon, we pat him on for grieve,
An', fegs, we would be in a soss, gin he should up an' leave;
He's eident, an' has lots o' can, an' cheery wi' the men,
An' I'm sae muckle oot aboot wi' markets till atten'.
We've twa chaps syne to wirk the horse, as sweir as sweir can be,
They fussle better than they ploo, they're aul' an' mairret tee,
An' baith hae hooses on the ferm, an' Francie never kens
Foo muckle corn gyangs hame at nicht, to fatten up their hens.
The baillie syne, a peer-hoose geet, nae better than a feel,
He slivvers, an' has sic a mant, an' ae clog-fit as weel;
He's barely sense to muck the byre, an' cairry in the scull,
An' park the kye, an' cogue the caur, an' scutter wi' the bull.
Weel, that's them a' — I didna hear — the laadie i' the gig?
That's Johnnie, he's a littlan jist, for a' he leuks sae big.
Fy na, he isna twenty yet — ay, weel , he's maybe near't;
Ower young to lippen wi' a gun, the crater wuld be fear't.
He's hardly throu' his squeelin' yet, an' noo we hae a plan
To lat him simmer i' the toon, an' learn to mizzer lan'.
Fat? Gar him 'list! Oor laadie 'list? 'Twould kill his mither, that,
To think o' Johnnie in a trench awa' in fat-ye-ca't;
We would hae sic a miss at hame, gin he was hine awa'
We'd raither lat ye clean the toon o' ony ither twa;
Ay, tak' the wife, the dother, deem, the baillie wi' the mant,
Tak' Francie, an' the mairret men, but John we canna want.
Fat does he dee? Ye micht as weel speir fat I dee mysel',
The things he hisna time to dee is easier to tell;
He dells the yard, an' wi' the scythe cuts tansies on the braes,
An' fan a ruck gyangs throu' the mull, he's thrang at wispin' strae,
He sits aside me at the mart, an' fan a feeder's sell't
Tak's doon the wecht, an' leuks the beuk for fat it's worth fan fell't;
He helps me to redd up the dask, he tak's a han' at loo,
An' sorts the shalt, an' yokes the gig, an' drives me fan I'm fou.
Hoot, Mains, hae mind, I'm doon for you some sma' thing wi' the bank;
Aul' Larickleys, I saw you throu', an' this is a' my thank;
An' Gutteryloan, that time ye broke, to Dockenhill ye cam' —
'Total exemption.' Thank ye, sirs. Fat say ye till a dram?

THERE'S AYE A SOMETHING

Belcanny is foggin', wi' siller laid by,
Wi' byres fu' o' feeders an' pedigree kye.
Wi' horse in fine fettle for ploo or for harrow,
An' a' the teels needit fae binder to barrow;
The fire hoose an' steadin' sneck harled and hale,
Wi' boortree for lythe an' a gean at the gale;
A hillside o' bracken for beddin' the stots,
In hairst for the thackin' a gushet o' sprots;
The snod dykit feedle lies fair to the sun,
An' anither Nineteen's little mair nor begun;
He's lucky, Belcanny, his boolie rowes weel,
But there's aye a something — the wife is genteel.

Her fowk thocht a fairmer an unco come doon,
For a queyn that was teachin, an' raised i' the toon.
But though like the lave her ambitions were big,
She couldna say 'Na' till a laad wi' a gig;
An' soon they were baith sittin' cushioned an' saft,
An' passin' the peppermints up i' the laft.
An' faith she was thrang wi' her chuckens an' cheese,
Her eggs and her butter an' skepfu's o' bees;
An' better still, Hogmanay hardly was by
Or the howdie was in, and she'd hippens to dry;
But aye there's a something, a mote on the meen,
She's great upon mainners — an' Sandy has neen.

He's roch an' oonshaven till Sunday comes roon,
A drap at his nose, an' his pints hingin' doon;
His weskit is skirpit wi' dribbles o' kail,
He drinks fae his saucer, an' rifts ower his ale;
An' when he comes in fae the midden or moss
Her new-washen kitchie's as dubby's the closs.
She has her piana to dirl an' to thump,
But gie him for music a spring on the trump;
She's thankfu' for muckle, her doonsittin's fine,
The hoose an' the plenishin' just till her min';
But aye there's a something, the stob on the rose,
In spite o' a' tellin' — he blaws on his brose.

To haud them oonhappy would hardly be fair,
To ca' them ill-marrowed would anger them sair;

There's lots o' waur bodies, she'll freely alloo,
He's hearty an' kindly, baith sober an' foo;
He grudges her naething, be't sweeties or claes,
An' has for her hizzyskip clappin' an' praise.
She's busy the but as a hen amon' corn
Gin noses need dichtin' or breekies are torn,
An' ben when the littlins need happin' or help,
To kiss or to cuddle, to scaul or to skelp.
They're like her in looks as a podfu' o' piz,
But dam't there's aye something — their mainners are his.

THE WHISTLE

He cut a sappy sucker from the muckle rodden-tree,
He trimmed it, an' he wet it, an' he thumped it on his knee;
He never heard the teuchat when the harrow broke her eggs,
He missed the craggit heron nabbin' puddocks in the seggs,
He forgot to hound the collie at the cattle when they strayed,
But you should hae seen the whistle that the wee herd made!

He wheepled on't at mornin' an' he tweetled on't at nicht,
He puffed his freckled cheecks until his nose sank oot o' sicht,
The kye were late for milkin' when he piped them up the closs,
The kitlin's got his supper syne, an' he was beddit boss;
But he cared na doit nor docken what they did or thocht or said,
There was comfort in the whistle that the wee herd made.

For lyin' lang o' mornin's he had clawed the caup for weeks,
But noo he had his bonnet on afore the lave had breeks;
He was whistlin' to the porridge that were hott'rin' on the fire,
He was whistlin' ower the travise to the baillie in the byre;
Nae a blackbird nor a mavis, that hae pipin' for their trade,
Was a marrow for the whistle that the wee herd made.

He played a march to battle, it cam' dirlin' through the mist,
Till the halflin squared his shou'ders an' made up his mind to 'list;
He tried a spring for wooers, though he wistna what it meant,
But the kitchen-lass was lauchin' an' he thocht she maybe kent;
He got ream an' buttered bannocks for the lovin' lilt he played.
Wasna that a cheery whistle that the wee herd made?

He blew them rants sae lively, schottisches, reels, an' jigs,
The foalie flang his muckle legs an' capered owe the rigs,
The grey-tailed futt'ratt bobbit oot to hear his ain strathspey,
The bawd cam' loupin' through the corn to 'Clean Pease Strae';
The feet o' ilka man an' beast gat youkie when he played —
Hae ye ever heard o' whistle like the wee herd made?

But the snaw it stopped the herdin' an' the winter brocht him dool,
When in spite o' hacks an' chiblains he was shod again for school;
He couldna sough the catechis nor pipe the rule o' three,
He was keepit in an' lickit when the ither loons got free;
But he aften played the truant — 'twas the only thing he played,
For the maister brunt the whistle that the wee herd made!

THE HINT O' HAIRST

O for a day at the Hint o' Hairst,
  Wi' the craps weel in an' stackit,
When the farmer steps thro' the corn-yard,
  An' counts a' the rucks he's thackit:

When the smith stirs up his fire again
  To sharpen the ploughman's coulter;
When the miller sets a new picked stane,
  An' dreams o' a muckle moulter:

When cottars' kail get a touch o' frost,
  That mak's them taste the better;
An' thro' the neeps strides the leggin'd laird,
  Wi' 's gun an' a draggled setter:

When the forester wi' axe an' keel
  Is markin' the wind-blawn timmer,
An' there's truffs aneuch at the barn gale
  To reist a' the fires till simmer.

Syne O for a nicht, ae lang forenicht,
  Ower the dambrod spent or cairtin',
Or keepin' tryst wi' a neebour's lass —
  An' a mou' held up at pairtin'.

THO' I BE AUL'

Ye needna think tho' I be aul',
  An' a' my bonnet haps is grey,
My heart is gizzen, crined or caul'
  An' never kens a dirl the day.

A bonny lass can stir me still
  As deep's her mither did when young,
An' aul' Scots sang my saul can fill
  As fu's when first I heard it sung.

Gin throu' the muir ahin' the dogs
  I dinna lift my feet sae clean
As swacker lads that loup the bogs,
  I'll wear them doon afore we're deen.

I ken some differ wi' the dram,
  Ae mutchkin starts me singin' noo,
But winds are tempered to the lamb,
  An' I get a' the cheaper fu',

An open lug, a gyangin' fit,
  Altho' they've never filled my kist,
Hae brocht me wisdom whiles an' wit
  Worth mair than a' the siller miss't.

An', faith, the ferlies I hae seen,
  The ploys I've shared an' daurna tell
Cheer mony a lanely winter's e'en,
  Just kecklin' ower them to mysel'.

There's some hae looks, there's mair hae claes,
  That's but the brods, the beuk's the thing,
The heart that keeps for dreary days
  Some weel-remembered merry spring.

Then ca' me fey or ca' me feel,
  Clean daft or doitit, deil may care,
Aye faur there's fun, at Pase or Yeel,
  Gin I be livin' I'll be there.

THE BACK O' BEYONT IS DRY

Fae the Back o' Beyond the carlie cam',
He fittit it a' the wye;
The hooses were few, an' the road was lang,
Nae winner the man was dry —
He was covered wi' stoor fae head to heel,
He'd a drouth 'at ye couldna buy,
But aye he sang as he leggit alang
'The Back o' Beyont is dry.'

He'd a score o' heather-fed wethers to sell,
An' twa or three scrunts o' kye,
An unbroken cowt to niffer or coup,
A peck o' neep seed to buy;
But never a price would the crater mak',
The dealers got 'No' nor 'Ay,'
Till they tittit the tow, he'd dae naething but sough
'The Back o' Beyont is dry.'

I' the year o' short corn he dee'd o' drooth,
But they waked him weel upbye,
'Twas a drink or a dram to the cronies that cam',
Or baith an they cared to try.
When the wag-at-the-wa' had the wee han' at twa
Ye shoulda jist heard the cry,
As the corp in the bed gied a warsle an' said
'The Back o' Beyond is dry.'

Fae Foggyloan to the Brig o' Potarch,
An' sooth by the Glen o' Dye,
Fae the Buck o' the Cabrach thro' Midmar,
Whaurever your tryst may lie;
At ilka toll on the weary road
There's a piece an' a dram forbye,
Gin ye show them your groat an' say laich i' your throat
'The Back o' Beyond is dry.'

'The Back o' Beyond is dry,
The Back o' Beyond is dry,
To slocken a drooth can never be wrang,
Sae help yoursel' an' pass it alang,
The Back o' Beyont is dry.'

IT WASNA HIS WYTE

It wasna his wyte he was beddit sae late
  An' him wi' sae muckle to dee,
He'd the rabbits to feed an' the fulpie to kame
  An' the hens to hish into the ree;
The mason's mear syne he set up in the closs
  An' coupit the ladle fu' keen,
An' roon the ruck foun's wi' the lave o' the loons
  Played 'Takie' by licht o' the meen.
Syne he rypit his pooches an' coontit his bools,
  The reid-cheekit pitcher an' a'
Took the yirlin's fower eggs fae his bonnet, an', fegs,
  When gorbell't they're fykie to blaw;
But furth cam' his mither an' cried on him in,
  Tho' sairly he priggit to wait —
'The'll be nae wird o' this in the mornin', my laad' —
  But it wasna his wyte he was late.

'Och hey!' an' 'Och hum!' he was raxin' himsel'
  An' rubbin' his een when he raise,
'An' faur was his bonnet an' faur was his beets
  An' fa had been touchin' his claes?
Ach! his porritch was caul', they'd forgotten the saut,
  There was ower muckle meal on the tap.
Was this a' the buttermilk, faur was his speen,
  An' fa had been bitin' his bap?'
His pints wisna tied, an' the backs o' his lugs
  Nott some sma' attention as weel —
But it wasna as gin it was Sabbath, ye ken,
  An' onything does for the squeel.
Wi' his piece in his pooch he got roadit at last,
  Wi' his beuks an' his skaalie an' sklate,
Gin the wag-at-the-wa' in the kitchie was slaw —
  Weel, it wasna his wyte he was late.

The fite-fuskered cat wi' her tail in the air
  Convoyed him as far as the barn,
Syne, munchin' his piece, he set aff by his leen,
  Tho' nae very willin', I'se warn'.
The cairt road was dubby, the track throu' the wid
  Altho' maybe langer was best,
But when loupin' the dyke a steen-chackert flew oot,
  An' he huntit a fyle for her nest.

Syne he cloddit wi' yowies a squirrel he saw
  Teetin' roon fae the back o' a tree,
An' jinkit the 'Gamie', oot teeming his girns —
  A ragie aul' billie was he.
A' this was a hinner; an' up the moss side
  He ran noo at siccan a rate
That he fell i' the heather an' barkit his shins,
  Sae it wasna his wyte he was late.

Astride on a win'-casten larick he sat
  An' pykit for rosit to chaw,
Till a pairtrick, sair frichtened, ran trailin' a wing
  Fae her cheepers to tryst him awa'.
He cried on the dryster when passin' the mull,
  Got a lunt o' his pipe an' a news,
An' his oxter pooch managed wi' shillans to full —
  A treat to tak' hame till his doos.
Syne he waded the lade an' crap under the brig
  To hear the gigs thunner abeen,
An' a rottan plumped in an' gaed sweemin' awa'
  Afore he could gaither a steen.
He hovered to herrie a foggie bees' byke
  Nae far fae the mole-catcher's gate,
An' the squeel it was in or he'd coonted his stangs —
  But it wasna his wyte he was late.

He tried on his taes to creep ben till his seat,
  But the snuffy aul' Dominie saw
Sneckit there in his dask like a wyver that waits
  For a flee in his wob on the wa';
He tell't o' his tum'le, but fat was the eese
  Wi' the mannie in sic an ill teen,
An' fat was a wap wi' a spainyie or tag
  To hands that were hard as a steen?
Noo, gin he had grutten, it's brawly he kent
  Foo croose a' the lassies would craw,
For the mornin' afore he had scattered their lames,
  An' dung doon their hoosies an' a'.
Wi' a gully to hooie tho', soon he got ower
  The wye he'd been han'led by fate,
It was coorse still an' on to be walloped like thon,
  When it wasna his wyte he was late.

It's thirty year, said ye, it's forty an' mair,
Sin' last we were licket at squeel;
The Dominie's deid, an' forgotten for lang,
An' a' oor buik learnin' as weel.
The size o' a park — wi' the gushets left oot —
We'll guess geyan near, I daur say;
Or the wecht o' a stot, but we wouldna gyang far
Gin we tried noo the coontin' in 'Gray'.
'Effectual Callin' we canna rin throu'
Wha kent it aince clear as the text,
We can say 'Man's Chief En'' an' the shorter 'Commands,'
But fat was the 'Reasons Annexed'!
Oor heads micht be riddels for a' they haud in
O Catechis, coontin' or date,
Yet I'll wauger we min' on the mornin's lang syne
When it wasna oor wyte we were late.

GIN I WAS GOD

Gin I was God, sittin' up there abeen,
Weariet nae doot no a' my darg was deen,
Deaved wi' the harps an' hymns oonendin' ringin',
Tired o' the flockin' angels hairse wi' singin',
To some clood-edge I'd daunder furth an' feth,
Look ower an' watch hoo things were gyaun aneth.
Syne, gin I saw hoo men I'd made mysel'
Had startit in to pooshan, sheet an' fell,
To reive an' rape, an' fairly mak' a hell
O' my braw birlin' Earth, — a hale week's wark —
I'd cast my coat again, rowe up my sark,
An', or they'd time to lench a second ark,
Tak' back my word an' sen' anither spate,
Droon oot the hale hypothec, dicht the sklate,
Own my mistak', an', aince I'd cleared the brod,
Start a'thing ower again, gin I was God.

CHARLES MURRAY

YOKIN' THE MEAR

The wife has her notions, she greets like a bairn
  To think 'at we're sinners an' like to be lost;
The state o' my sowl is her daily concairn,
  When a' I need's something to sattle my hoast.

She hankers for heaven, I'm canty doon here,
  A snod thackit steadin' wi' nowt in the byre,
An' a market on Tysedays for me an' the mear,
  Fat mair could a simple aul' fairmer desire?

She blaws aboot mansions up there in the sky,
  But chaps me a desse in a but-an'-a-ben,
An' when there's a meen, a bit daunder doonby
  To crack ower a dram amo' fouk 'at I ken.

'Twould only be waste pittin' wings upo' me,
  Sae short i' the breath an' sae brosy an' big,
For tho' I could reest I'm ower heavy to flee,
  The wife can hae feathers, but I'm for a gig.

A grace to the kail, an' the readin' at nicht,
  Wi', or I gang forrit, a preachin' or twa,
I'll lippin to that when some gloamin' the vricht
  Screws doon the kist lid an' I'm throu' wi' it a'.

Lat her be translatit, but leave me my leen
  Wi' plooin' an' sawin' to scutter on here,
I'll ken 'at she's happy herp-herpin' abeen,
  An fussle content when I'm yokin' the mear.

BENNACHIE

There's Tap o' Noth, the Buck, Ben Newe,
  Lonach, Benrinnes, Lochnagar,
Mount Keen, an' mony a Carn I trow
  That's smored in mist ayont Braemar.
Bauld Ben Muich Dhui towers, until
  Ben Nevis looms the laird o' a';
But Bennachie! Faith, yon's the hill
  Rugs at the hairt when ye're awa'!

Schiehallion, — ay, I've heard the name —
  Ben More, the Ochils, Arthur's Seat,
Tak' them an' a' your hills o' fame
  Wi' lochans leamin' at their feet;
But set me doon by Gadie side,
  Or whaur the Glenton lies by Don —
The muir-cock an' the whaup for guide
  Up Bennachie I'm rivin' on.

Syne on the Mither Tap sae far
  Win'-cairdit clouds drift by abeen,
An' wast ower Keig stands Callievar
  Wi' a' the warl' to me, atween.
There's braver mountains ower the sea,
  An' fairer haughs I've kent, but still
The Vale o' Alford! Bennachie!
  Yon is the Howe, an' this the Hill!

HAME

There's a wee, wee glen in the Hielan's,
  Where I fain, fain would be;
There's an auld kirk there on the hillside
  I weary sair to see.
In a low lythe nook in the graveyard
  Drearily stands alane,
Marking the last lair of a' I lo'ed,
  A wee moss-covered stane.

There's an auld hoose sits in a hollow
  Half happit by a tree;
At the door the untended lilac
  Still blossom for the bee;
But the auld roof is sairly seggit,
  There's nane now left to care;
And the thatch ance sae neatly stobbit
  Has lang been scant and bare.

Aft as I lie 'neath a foreign sky
  In dreams I see them a' —
The auld dear kirk, the dear auld hame,
  The glen sae far awa'.
Dreams flee at dawn, and the tropic sun
  Nae ray o' hope can gie;
I wander on o'er the desert lone,
  There's nae mair hame for me.

David Rorie (1867–1946)

There can be little doubt that anyone taking even a perfunctory glance at the poetry of David Rorie will soon realise that they are in the presence of a man with a highly developed sense of humour and a keen eye for the foibles and absurdities of his fellow beings. It is said that it is when we are in the hands of the medical profession that we are at our most vulnerable and most likely to have both our dignity and ego reduced to their natural levels. Thus we are not surprised to learn that David Rorie was a medical practitioner of some standing. He was born in Edinburgh in 1867 of Deeside parents and received his early education at the Collegiate School of Aberdeen. He was enrolled in the Medical Faculty at the University of Edinburgh and graduated in 1890. He practised at Barrow-in-Furness in Lancashire and then Old Deer in Aberdeenshire before moving in 1894 to Cardenden in Fife where he came into contact with the local fishermen and miners and was for a time Medical Officer at Bowhill Colliery. While he was in Fife he further developed what was to be a life-long interest in Folklore and the folklore of medicine in particular and in 1908 he was awarded an MD by the University of Edinburgh for a thesis in medical folklore.

In 1905 he acquired a practice in Cults in Lower Deeside and he was to remain there for the remainder of his professional life. Although he was forty-seven when the Great War broke out he went with his unit the Field Ambulance Service of the 51st Highland Division and served with great distinction in France. In the horror that was France in the First World War, common sense and organisational skills tempered by a well-honed sense of humour were desperately essential, if in very short supply, and few could have been better qualified to supply them than David Rorie. He maintained his interest in military matters after the war and for over twenty years he was President of the Aberdeen Branch of the Royal British Legion.

Not that these were the limits of David Rorie's talents. He wrote a regular column for the *Caledonian Medical Journal,* was a leading member of the Aberdeen Medico-Chirurgical Society, broadcast regularly on the then infant radio service, was in great demand as a speaker and was at other times Chairman of the Aberdeenshire Panel Committee and at various times served as President of the Aberdeen Branch of the British Medical Association! Thankfully, at moments of respite from these activities, David Rorie found time to write some poetry. Thanks to encouragement from Charles Murray, David Rorie finally agreed to an initial collection of his verse being published in 1920 and it was enthusiastically received. 'The Lum Hat Wantin' the Croon', his most popular piece, had been written in 1890, thus it is plain that the ironic and subtle wit, the assurance in the handling of rhyme and language and the inspired originality of his imagination, which are the hallmarks of his best work, were developed early on in his career. What becomes increasingly obvious as one reads the poetry of David Rorie is that, in spite of the fatalism exhibited in some of them and the unattractive nature of many of the characters he portrays, he had a wry affection for, and a tolerable understanding of, even the worst of us.

David Rorie had to retire from general practice in 1933 due to ill-health, but when the Second World War broke out it was typical of the man that he returned to his profession to chair the Aberdeen Medical Board of the Ministry of Labour and National Service. He died in 1946 having given only a relatively small part of a very full life to poetry, but that small part was to produce verse that rang with a vitality of language and style that continues to give enormous pleasure to all who come in contact with it.

His collected works were published in 1935, and in 1983 a new edition of his collected poems, edited by William Donaldson on behalf of the David Rorie Society, was published by Aberdeen University Press.

THE AULD DOCTOR

O' a' the jobs that sweat the sark
Gie me a kintra doctor's wark,
Ye ca' awa frae dawn till dark,
Whate'er the weather be, O!

Some tinkler wife is in the strae,
Your boots is ower the taps wi' clay
Through wadin' bog an' sklimmin' brae
The besom for to see, O!

Ye ken auld Jock o' Windybarns?
The bull had near ca'ed oot his harns,
His een was blinkin' fu' o' starns,
An' doon they ran for me, O!

There's ae guid wife, we're weel acquaint,
Nae trouble's kent but what she's taen't,
Yet aye she finds some new complaint,
O' which I hae the key O!

She's had some unco queer mishaps,
Wi' nervish wind and clean collapse,
An' naethin' does her guid but draps —
Guid draps o' barley-bree, O!

I wouldna care a docken blade,
Gin her accoont she ever paid,
But while she gi'es me a' her trade.
There's ne'er a word o' fee, O!

Then De'il hae a' thae girnin' wives,
There's ne'er a bairn they hae that thrives,
It's aye the kink-hoast or the hives
That's gaun to gar them dee, O!

Tak' ony job ye like ava!
Tak' trade, the poopit or the law,
But gin ye're wise ye'll haud awa
Frae medical degree, O!

THE HYPOCHONDRIAC

I dinna ken what is the maitter wi' Jeams,
He canna get sleepit at nicht for his dreams,
An' aye when he waukens he granes and he screams
Till he fair pits the shakers on me!

Can ye no mak' up somethin' to gie him a sleep?
I'm telling ye, doctor, he gars my flesh creep,
Till I'm that fu' o' nerves that the verra least cheep
Noo juist fair pits the shakers on me!

Wi' his meat he was aince a man easy to please,
But last Sabbath he flang the fried ingans an' cheese
That I had for his supper richt into the bleeze,
An' he fair pits the shakers on me!

Then he sat in the ingle an' chowed bogie-roll,
An' read 'Jowler's Sermons' an' talked o' his soul,
Faith! conduc' o' that sort's no easy to thole,
For it fair pits the shakers on me!

He's plenty o' siller, ye're sure o' your fee,
Just gie him a soondin', an' gin he's to dee,
Come oot wi' the truth — dinna fash for a lee,
It'll no pit the shakers on me!

Whit! 'Juist heepocondry? Nocht wrang wi' his chest?'
The Deil flee awa wi' the man for a pest!
To think o' me lossin' sae mony nichts' rest
An' him pittin the shakers on me!

Ay, though he may rout like the bull in the park,
I'se warrant the morn he's on wi' his sark,
An aff wi' the rest o' the men till his wark,
For he'll no pit the shakers on me!

THE OBITUARY NOTICE

Dod' An' sae he's awa, is he?
Some folks is awfu' for deein'!
That'll make fowre o the Session, noo,
Slippit awa in sax 'ear.
Weel, weel, he was a gey lad in his day:
I could tell ye twa three bars aboot him,
Ay, could I,
An' richt gude anes, tae!

Ach! what o' 't?
Royt lads maks sober men,
An' young saunts, auld sinners.
Sae they a' haud, an' he was nae waur nor the lave.
Ony wey, the cratur's awa
An' here's a lang bittie aboot 'im i' the papers.
'Much respeckit member o' the community.'
Imph'm
'For mony years an elder, an' a J.P.'
Jist to think o' a' that, noo!

Ay, ay, an' sae he's awa!
Dod, he was a gey lad in his day —
Some folks is awfu' for deein'!

NEEBORS

Ay, that's you, is't, doctor?
I thocht I saw ye comin' oot o' her hoose owre thonder.
An' is a'thing by?
Eh, but that's fine, noo; ye've had a sair hing-on!
Is't a laddie or a lassie?
Twins? Keep's a'!
But I'm no nane surprised — no' me:
She was aye a twa-faced besom
I'm jalousin' baith the twa o' them'll favour her?
It winna be him, ony wey;
The mither'll be their nearest freen' in thon hoose;
A'body kens that.

What's that ye say? 'Keep my tongue atween my teeth'?
There's nae ca' for ye to be unceevil, doctor,
An' to a sufferer like me, tae!
I was jist speirin' for the woman —
As ony neebor would.

ISIE

The wife she was ailin', the doctor was ca'd,
She was makkin' eneuch din for twa,
While Peter was suppin' his brose at the fire,
No heedin' the cratur' ava.
'Eh, doctor! My back's fair awa wi' it noo,
It was rackit the day spreadin' dung;
Hae, Peter! Come owre wi' the lamp, like a man,
Till the doctor can look at my tongue!'

But Peter had bade wi' her near forty year,
Fine acquaint wi' her weel-soopled jaw,
Sae he lowsed his tap button for ease till his wame,
Wi' a gant at the wag-at-the-wa'.
'Weel, Isie,' says he, 'an' it's me that should ken,
That's the ae place ye niver hae cramp.
The lamp's bidin' here: if he's seekin' a sicht
O' yer tongue he can trail't to the lamp!'

THE CRAMBO-CLINK

Afore there was law to fleg us a',
An' schedule richt frae wrang,
The man o' the cave had got the crave
For the lichtsome lilt o' sang.
Wife an' strife an' pride o' life,
Woman an' war an' drink;
He sang o' them a' at e'enin's fa'
By aid o' the crambo-clink.

When the sharpest flint made the deepest dint,
An' the strongest worked his will,
He drew his tune frae the burnie's croon
An' the whistlin' win' o' the hill.
At the mou' o's cave the pleesure the lave,
He was singin' afore he could think,
An' the wife in-bye hush'd the bairnie's cry
Wi' a swatch o' the crambo-clink.

Nae creetic was there wi' superior air
For the singer wha daur decry
When they saw the sheen o' the makar's een,
An' his han' on his axe forbye?
But the nicht grew auld an' he never davaul'd
While ane by ane they would slink,
Awa at a rin to their beds o' skin
Frae the soun' o' the crambo-clink.

TINKLER PATE

They sat by the side
O' the tum'lin' water,
Tinkler Pate
Wi' his wife an' daughter.

Pate sings oot
Wi's back till a tree,
'Hurry, ye limmers
An' bile some tea!'

Weel they kent
They'd hae cause to rue
Gin they conter'd him,
An' him hauf-fou.

Sae the wifie lootit
To fill her tin
Slippit her fit
An' coupit in.

The daughter, gruppin' her,
Slippit an' a',
An that was the feenish
O' baith the twa.

Heels owre gowdie
The pair o' them gaed,
Naebody cared,
An naethin' was said,

But what Pate roared
As they made for the linn,
'Canny, ye jades!
Ye're awa wi' the tin!'

THE PICNIC

Eh! Sic langwidge!
Onybody hearin' ye 'ull hae a bonny tale to tell
An' you a jined member o' the Kirk!
Think black burnin' shame o' yersel!
Wi' your mou fou o' sangwidge,
I won'er it disna choke ye,
Ye ill-tongued stirk!
An' a' this tirravee
Owre a drappie o' bilin' watter on your taes!
Keep me!
Dinna provoke ye?
Did onybody ever hear the like o't a' their livin' days!
Ye hae a gude neck!
Wi' twa mile o' sand to pit your muckle feet on
What gart ye stick ane o' them
In aneth the stroup o' the kettle?
An' what sorra else did ye expeck?

You an' your fit!
They're a perfeck scunner —
Baith the twa o' them,
Ay' an' has been ever sin' I kent ye.
A decent woman canna get moved at her ain chimblay-cheek,
An' sma' won'er!
Hoo aften hae I telt ye I couldna get anent ye
An' you aye lollopin' thae dagont feet o' yours on the fender?
I whiles wish ye had widden legs,
They wadna be sae tender
An' they wad match your heid better —
Ay' wad they, fegs,

An' hae saved ye happin' aboot the noo
Like a craw wi' a sair inside.
Sit doon, man! See,
A' the fowk 'ull think ye're fou —
Here's your cuppie o' tea!

Oho, Ye're no' gaun to bide?
Ye've had a' the tea ye're wantin'?
An' ye're no seekin' ony mair o' my clatter?
Weel, awa an' tak a bid paidle til yersel,
Gin ye maun be gallivantin'
'Try the watter.'
The sea 'ull maybe cool your temper
An' your taes as weel.

But mind ye this o't!
I've taen your meesure,
My bonnie man, aince an' for a',
An' this is the hin'most time
I'm oot for a day's pleesure
Wi' you — ay is it!
For I'll stan' nae mair o' your jaw!

Ach! You an' your fit!

THE PAWKY DUKE

There aince was a very pawky duke,
Far kent for his joukery-pawkery,
Wha owned a hoose wi' a gran' outlook,
A gairden an' a rockery.
Hech mon! The pawky duke!
Hoot ay! An' a rockery!
For a bonnet laird wi' a sma' kailyaird
Is nae thin' but a mockery.

He dwalt far up a Heelant glen
Where the foamin' flood an' the crag is,
He dined each day on the usquebae
An' he washed it doon wi' haggis.
Hech mon! The pawky duke!
Hoot ay! An' a haggis!
For that's the way that the Heelanters dae
Whaur the foamin' flood an' the crag is.

He wore a sporran an' a dirk,
An' a beard like besom bristles,
He was an elder o' the kirk
And he hated kists o' whistles.
Hech mon! The pawky duke!
An' doon on kists o' whistles!
They're a' reid-heidit fowk up North
Wi' beards like besom bristles.

His hair was reid as ony rose,
His legs was lang an' bony,
He keepit a hoast an' a rubbin'-post
An' a buskit cockernony.
Hech mon! The pawky duke!
An' a buskit cockernony!
Ye ne'er will ken true Heelantmen
Wha'll own they hadna ony.

Syne ilka fowre hoors through the day
He took a muckle jorum,
An' when the gloamin' gaither'd grey
Got fou wi' great decorum.
Hech mon! The pawky duke!
Blin' fou wi' great decorum!
There ne'er were males amang the Gaels
But lo'ed a muckle jorum.

An' if he met a Sassanach,
Attour in Caledonia,
He gart him lilt in a cotton kilt
Till he took an acute pneumonia.
Hech mon! The pawky duke!
An' a Sassanach wi' pneumonia!
He lat him feel that the Land o' the Leal
'S nae far frae Caledonia.

Then aye afore he socht his bed
He danced the Gillie Callum,
An' wi's Kilmarnock owre his neb
What evil could befall him?
Hech mon! The pawky duke!
What evil could befall him?
When he cast his buits an' soopled his cuits
Wi' a gude-gaun Gillie Callum.

But they brocht a joke, they did indeed,
Ae day for his eedification,
An' they needed to trephine his heid,
Sae he deed o' the operation.
Hech mon! The pawky duke!
Wae's me for the operation!
For weel I wot this typical Scot
Was a michty loss to the nation.

THE LUM HAT WANTIN' THE CROON

The burn was bit wi' spate,
An' there cam' tum'lin doon
Tapsalteerie the half o' a gate,
Wi' an auld fish-hake an' a great muckle skate,
An' a lum hat wantin' the croon

The auld wife stood on the bank
As they gaed swirlin' roun',
She took a gude look an' syne says she:
'There's food an' there's firin' gaun to the sea,
An' a lum hat wantin' the croon.'

Sae she gruppit the branch o' a saugh,
An' she kickit aff ane o' her shoon,
An' she stuck oot her fit — but it caught in the gate,
An' awa she went wi' the great muckle skate,
An' the lum hat wantin' the croon.

She floatit fu' mony a mile,
Past cottage an' village an' toon,
She'd an awfu' time astride o' the gate,
Though it seemed to gree fine wi' the great muckle skate,
An' the lum hat wantin' the croon.

A fisher was walkin' the deck,
By the licht o' his pipe an' the mune,
When he sees an auld body astride o' a gate,
Come bobbin' alang in the waves wi' a skate,
An' a lum hat wantin' the croon.

'There's a man overboard!' cries he,
'Ye leear!' says she, 'I'll droon!
A man on a boord? It's a wife on a gate,
It's auld Mistress Mackintosh here wi' a skate,
An' a lum hat wantin' the croon.'

Was she nippit to death at the Pole?
Has India bakit her broon?
I canna tell that, but whatever her fate,
I'll wager ye'll find it was shared by a skate,
An' a lum hat wantin' the croon.

There's a moral attached to my sang,
On greed ye should aye gie a froon,
When ye think o' the wife that was lost for a gate,
An auld fish-hake an' a great muckle skate,
An' a lum hat wantin' a croon.

THE BONNIE LASS O' MAGGIEKNOCKATER

Noo, the sizzon bein' Spring, it's the time to rise an' sing
O' a lass that I ha'e likit exterornar,
An' the first time that I met her it was ower at Fetterletter
When I coupit her by breengin' roon a corner.
Losh! She made a rare to do, for she thocht that I was fou,
An' tell't me my condeetion fairly shockit her,
But I swore her accusation hadna ony gude foundation
An' soothed the bonnie lass o' Maggieknockater.

Ay, man ay! Ony time ye're stappin' by
Look in an' gie's a cry an' tak' a look at her,
Ye'll notice she's a' there an' gey little waur o' wear,
The teuch an' bonnie lass o' Maggieknockater.

Man, the things ye recolleck when ye sit doon an' refleck
On the worries that beset ye on Life's journey,
Ay, things that in their sizzon nearly gart ye loss your rizzon
Ha'e slippit doon the road to Hecklebirnie.
Tak' that waesome nicht in June we was lookin' at the mune
When a muckle lump o' gundy near-han' chockit her,
Till I daddit on her spine, an' cried 'Say "ninety-nine"!'
An' saved the bonnie lass o' Muggieknockater.

An' there's ae nicht I recall at a Grand Subscription Ball
An' a happenin' that sent me near dementit,
For jist aboot half three, ony netteral micht see
That the fiddler an' his tune was ill acquentit.
Sae my lass says, 'Sic a crime! Can ye nae gie's better time?'
An' the drucken cratur flang the eicht-day clock at her,
Syne a dizzen o's an' mair was a whammlin' on the flair
As weel's the bonnie lass o' Maggieknockater.

Ay, Spring's the time to sing, baith for birdies on the wing,
An' for lads that's nae sae souple i' the thrapple,
Yet each lass ye sing aboot is in stracht descent, nae doot,
Fae the wife that founert Adam wi' an apple.
But tho' Time gaes birlin' on an' a hantle years ha'e gone
Sine her mither in the cradle first had rockit her,
I'm aye richt gled I met her thon nicht at Fetterletter
An' pleased the bonnie lass o' Maggieknockater.

Hecklebirnie is ten miles on the other side of the Ill Place, according to folk-lorists. — DR

THE AULD CARLE

The auld man had a girnin' wife,
An' she was aye compleenin',
For a' kin' o' orra things
The body aye was greenin'.
It's 'I'll try this,' and 'I'll try that,'
At ilka adverteesement,
She flang his siller richt an' left
An' niver got nae easement.

The carle he led sic a life
The hail thing was a scunner,
Sae ae braw day his birse was up
He fairly roondit on her.
'Ye're aye gaun to dee, gude-wife —
Fowre nichts I hinna sleepit,
Gin it's to be, I wush to peace
Ye'd set a day an' keep it!'

Wow! noo there was a tirravee!
An angry wife was she, than!
'An' is it no my ain affair
The day I'm gaun to dee, than?
Aha! ye think ye'll tryst the wricht
An' rid him o' his timmer?
Syne haud anither waddin' wi'
Some feckless, thowless limmer!'

Awyte, but noo she's fu' o' life,
She's ta'en anither tack o't!
An' aye that she flees oot on him
His words is at the back o't!
Sae keep your tongue atween your teeth
When ettlin' to be cliver,
Ense ye'll be like the auld carle
An' en' waur aff than iver!

Mary Symon (1863–1938)

Only one volume of poetry by Mary Symon, '*Deveron Days*', was ever published and yet she was a very popular poet: when '*Deveron Days*' was first put on sale all copies were sold within one week and it immediately went into a second edition.

Mary Symon was born in Dufftown, Banffshire in 1863. Her father, who had been a saddler in Banffshire, bought the estate of Pittyvaich and was for a time Provost of Dufftown. She was educated first at Mortlack Public School, but at fifteen entered Edinburgh Ladies' College and later became a graduate of St Andrews University.

She started her poetry career early, if not altogether seriously, when she was only eleven years old, by getting one of her first poems pubished, the subject being the completion of renovation to Mortlach Parish Church! On these hesitant, but spirited, foundations was built an impressive, if not large, canon of verse. In the early part of the century her work was to be found in the *Scots Magazine*, the *New Century Review* and elsewhere: sometimes under a variety of noms de plume, among them 'Mary Duff' and 'Malcolm Forbes'. She was also one of Hugh MacDiarmid's early contributors to *Northern Numbers*. She had many interests outside poetry and wrote articles on a wide variety of subjects. She was an accomplished linguist and a keen student of literature, but above all she had an abiding love for Scotland and all things Scots. She was deeply interested in her native countryside, its language, customs and traditions and this was no mere artistic sentiment as is clearly demonstrated in her verse. It was her 'patriotic verse' written during the Great War which first brought Mary Symon to the notice of a wider public and their response was immediate. Here was a poet whom the general public felt understood, and put into words, their innermost, if often unarticulated feelings.

Her war poetry was a poetry of genuine understanding and sympathy without crass jingoistic posturing or over-sentimental rhetoric. Only in a few works will one find the sheer awfulness and horror of war more simply, but impressively, portrayed than in the touching litany of 'The Glen's Muster-Roll'—the carnage of the Glen's youth being mirrored in countless parishes throughout the country. But it must not be imagined that her best work was restricted to one particular subject. She had a sound technique which was effortlessly displayed in a variety of poems, many of which, like 'The Wedding' and 'The Hedonist', show a rich sense of humour and a keen and inventive use of language. Mary Symon was to die by the Deveron at Pittyvaich, Dufftown in 1938. Her output of verse was not large, but it was an important and enriching addition to Scotland's store of literature.

THE GLEN'S MUSTER-ROLL
The Dominie Loquitur

Hing't up aside the chumley-cheek, the aul' glen's Muster-Roll
A' names we ken fae hut an' ha', fae Penang to the Pole,
An' speir na gin I'm prood o't — losh! coont them line by line,
Near han' a hunner fechtin' men, an' they a' were Loons o' Mine.

A' mine. It's jist like yesterday they sat there raw on raw,
Some tyaavin' wi' the 'Rule o' Three', some widin' throu' 'Mensa';
The map o' Asia's shoogly yet faur Dysie's sheemach head
Gaed cleeter-clatter a' the time the carritches was said.
'A limb,' his greetin' granny swore, 'the aul' deil's very limb' —
But Dysie's deid and drooned lang syne; the 'Cressy' coffined him.
'Man guns upon the fore barbette!' . . . What's that to me an' you?
Here's moss an' burn, the skailin' kirk, aul' Kissack beddin's soo.
It's Peace, it's Hame — but owre the Ben the coastal searchlights shine,
And we ken that Britain's bastions mean — that sailor Loon o' Mine.

The muirlan's lang, the muirlan's wide, an' fa says 'ships' or 'sea'?
But the tang o' saut that's in wir bleed has puzzled mair than me.
There's Sandy wi' the bristled shins, faur think ye's he the day?
Oot where the hawser's tuggin' taut in the surf o' Suvla Bay;
An' owre the spurs o' Chanak Bahr gaed twa lang stilpert chiels,
I think o' flappin' butteries yet or weyvin' powets' creels —
Exiles on far Australian plains — but the Lord's ain boomerang
'S the Highland heart that's aye for hame hooever far it gang.
An' the winds that wail owre Anzac an' requiem Lone Pine
Are nae jist a' for stranger kin, for some were Loons o' Mine.

They're comin' hame in twas an' threes; there's Tam fae Singapore—
Yon's his, the string o' buckie-beads abeen the aumry door —
An' Dick MacLeod, his sanshach sel' (Guidsake, a bombardier!)
I see them yet ae summer day come hodgin' but the fleer:
'Please, sir,' (a habber an' a hoast), 'Please, sir' (a gasp, a gulp,
Syne wi' a rush) 'Please-sir-can-we-win-oot-to-droon-a-fulp?'
. . . Hi, Rover, here, lad! — aye, that's him, the fulp they didna droon,
But Tam — puir Tam lies cauld an' stiff on some grey Belgian dune,
An' the Via Dolorosa's there, faur a wee bit cutty quine
Stan's lookin' doon a teem hill road for a sodger Loon o' Mine.

Fa's neist? the Gaup — A Gordon wi' the 'Bydand' on his broo,
Nae murlacks dreetlin' fae his pooch or owre his grauvit noo,
Nae words o' groff-write trackies on the 'Four best ways to fooge'—
He steed his grun' an' something mair, they tell me, oot at Hooge.
But owre the dyke I'm hearin' yet: 'Lads, fa's on for a swap? -
A lang sook o' a pandrop for the sense o' verbum sap.
Fack's death, I tried to min' on't — here's my gairten wi' the knot—
But — bizz! a dhubrack loupit as I passed the muckle pot.'
. . . Ay, ye dinna ken the classics, never heard o' a co-sine,
But here's my aul' lum aff tae ye, dear gowkit Loon o' Mine.

They're handin' oot the haloes an' three's come to the glen —
There's Jeemack ta'en his Sam Browne to his mither's but an' ben.
Ay, they ca' me 'Blawin' Beelie,' but I never crawed sae crouse
As the day they gaed the V.C. to my *filius nullius*.
But he winna sit 'Receptions' nor keep on his aureole,
A' he says is 'Dinna haiver, jist rax owre the Bogie Roll.'
An' the Duke an' 's dother shook his han' an' speirt aboot his kin.
'Old family, yes; here sin' the Flood,' I smairtly chippit in.
(Fiech! Noah's Na — we'd ane wirsels, ye ken, in '29)
I'm nae the man tae stan' an' hear them lichtlie Loon o' Mine.

Wir Lairdie. That's his mither in her doo's-neck silk gaun by,
The puddock, so she tells me, 's haudin' up the H.L.I.
An' he's stan'in' owre his middle in the Flanders' clort an' dub,
Him 'at eese't to scent his hanky, an' speak o's mornin' 'tub'.
The Manse loon's dellin' divots on the weary road to Lille,
An' he cann flype his stockin's, cause they hinna tae nor heel.
Sennelager's gotten Davie — a' moo fae lug tae lug —
An' the Kaiser's kyaak, he's writin', 'll neither ryve nor rug,
'But mind ye' (so he post-cairds), 'I'm already owre the Rhine.'
Ay, there's nae a wanworth o' them, though they werna Loons o' Mine.

. . . You — Robbie. Memory pictures; Front bench, a curly pow,
A chappit hannie grippin' ticht a Homer men't wi' tow —
The lave a' scrammelin' near him, like bummies roon a bike.
'Fat's this?' 'Fats that?' he'd tell them a' — ay, speir they fat they like.
My hill-foot lad! A sowl an' brain fae's bonnet to his beets,
A 'Fullerton' in posse, nae the first fun' fowin' peats.
. . . An' I see a blythe young Bajan gang whistlin' doon the brae,
An' I hear a wistful Paladin his patriot credo say.
An' noo, an' noo. I'm waitin' till a puir thing hirples hame —
Ay, 't's the Valley o' the Shadow, nae the mountain heichts o' Fame.
An' where's the nimble nostrum, the dogma fair an' fine.
To still the ruggin' heart I hae for you, oh, Loon o' Mine?

My loons, my loons! Yon winnock gets the settin' sun the same,
Here's sklates and skailies, ilka dask a' futtled wi' a name.
An' as I sit a vision comes: Ye're troopin' in aince mair,
Ye're back fae Aisne an' Marne an' Meuse, Ypres an' Festubert;
Ye're back on weary bleedin' feet — you, you that danced an' ran —
For every lauchin' loon I kent I see a hell-scarred man.
Not mine but yours to question now! You lift unhappy eyes —
'Ah, Maister, tell's fat a' this means.' And I, ye thocht sae wise,
Maun answer wi' the bairn words ye said tae me langsyne:
'I dinna ken, I dinna ken. Fa does, oh, Loons o' Mine?'

A RECRUIT FOR THE GORDONS

I'm aff! The halflin gets my crib,
  An' keeps the chaumer key;
The morn aul' Mains can dicht his nib,
  An' scoor the lift for me.

I've listed! Dang the nowt an' neeps!
  I'm aff to fecht or fa';
I ken, withoot their weary threeps,
  They're mair than needin's a'.

Wi' Huns upon wir thrashel-stane,
  An' half the world red wud,
Gweed sax feet ane o' brawn an' bane
  Is nae for plooman dud.

An' sae I paumered back an' fore,
  Practeesin' in my kilt,
An' Sownock fae the bothy door
  Kame-sowfed a marital lilt.

They leuch till howe an' hill-top rang —
  I steppit saft mysel; —
For aye anaith my bonnet sang
  But things I couldna tell —

The bonnet wi' the aul' 'Bydand'
  That sat upon my broo —
An' something stirred, grey Mitherland,
  In my puir hert for you,

As aye an' aye the plaidie green
  Swung roon my naked knee,
An' mairchin' there anaith the meen,
  Lord sake! That wasna me.

The eat-meat sumph that kissed the quines,
  An' took a skyte at Eel;
I was the heir o' brave langsynes,
  A sodger, head to heel.

Ay me! 'At never shot a craw,
  Nor killed a cushy-doo —
But bleed's aye bleed, an' aul' granda
  Did things at Waterloo.

I'm aff the morn . . . There's nane'll ken
  O' ae broon curly head,
That ees't to lie aside my ain
  In mains' stoupet bed:

It's laich, laich noo, in Flander's sod,
  An' I'm mairchin' wi' the drum,
'Cause doon the lang La Bassée road
  There's dead lips cryin' 'Come!'

THE SOLDIERS' CAIRN

Gie me a hill wi' heather on't,
  An' a reid sun drappin' doon,
Or the mists o' the mornin' risin' saft
  Wi' the reek owre a wee grey toon.
Gie me a howe by the lang glen road,
  For it's there 'mang the whin an' fern
(D'ye mind on't, Will? Are ye hearin', Dod?)
  That we're biggin the Soldiers' Cairn.

Far awa' in the Flanders land
  Wi' fremmit France atween,
But mony a howe o' them baith the day
  Has a hap o' the Gordon green;
It's them we kent that's lyin' there,
  An it's nae wi' stane or airn,
But wi' brakin' herts an' mem'ries sair
  That we're biggin' the Soldiers' Cairn.

Doon, laich doon the Dullan sings —
  An' I ken o' an aul' sauch tree,
Where a wee loon's wahnie's hingin' yet
  That's dead in Picardy;
An' ilka win' fae the Conval's broo
  Bends aye the buss o' ern
Where aince he futtled a name that noo
  I'll read on the Soldiers' Cairn.

Oh! build it fine an' build it fair,
  Till it leaps to the moorland sky —
More, more than death is symbolled there,
  Than tears or triumphs by.
There's the Dream Devine of a starward way
  Oor laggard feet would learn —
It's a new earth's corner-stone we'd lay
  As we fashion the Soldiers' Cairn.

Lads in your plaidies lyin' still
  In lands we'll never see,
This lonely cairn on a hameland hill
  Is a' that oor love can dee;
An' fine an' braw we'll mak' it a',
  But oh, my Bairn, my Bairn,
It's a cradle's croon that'll aye blaw doon
  To me fae the Soldiers' Cairn.

COME HAME

'Come hame, lad,' the voice o' the muirland is sayin';
  The souch o' the win', an' the water as weel;
'Come hame, lad,' that's aye what the heart o' me's prayin',
  At mirk an' at mornin', fae Beltane to Eel.

Come hame, lad, come hame,
The Glen's aye the same,
Lyin' lythe in the land that ye lo'e,
An' there's weary hearts achin',
Ay, hearts nigh to breakin',
For you, lad, for you — for you.

MARY SYMON

Come hame, lad, fat mak's a' the gowd that ye'll gaither?
  Gin't's muckle ye're winnin', there's mair that ye tine;
An' I ken ye'd gie't a' for your foot on the heather,
  An' your head to the stars, in a glen o' lang syne.

    Come hame, lad, come hame,
    The Glen's aye the same,
    Lyin' lythe in the land that ye lo'e,
    An' there's weary hearts achin',
    Ay, hearts nigh to breakin',
    For you, lad, for you — for you.

Come hame, lad, come hame — or the kent kindly faces
  Will a' be awa' wi' the roch, reivin' years —
An' the tents o' the stranger ye'll find in the places
  Still hallowed by memory's laughter and tears.

    Come hame, lad, come hame,
    The Glen's aye the same,
    Lyin' lythe in the land that ye lo'e,
    An' there's weary hearts achin',
    Ay, hearts nigh to breakin',
    For you, lad, for you — for you.

Come hame, lad, come hame — It's weary work waitin',
  An' Life's slippin' by, an' oor sun's wearin' west;
Tho' yon be the land that ye're grand an' ye're great in,
  Come hame ye an' bide in the land ye like best.

    Come hame, lad, come hame,
    The Glen's aye the same,
    Lyin' lythe in the land that ye lo'e,
    An' there's weary hearts achin',
    Ay, hearts nigh to breakin',
    For you, lad, for you — for you.

THE HEDONIST
(After Béranger)

I kent o' a king o' the Cabrach aince,
  An' a gey bit kingie was he;
He had nae sowl, nae siller, nor sense,
  But did fine withoot a' three.
For he sleepit, ochone! an' snored, ochone!
  A' day in his beddie ba' —
Wi' a tosselled trok o' a nicht-kep on
  An' his croon in the crap o' the wa'
    Ay, his bonnie croon,
    Wi' the roset foun',
    It lay in the crap o' the wa'.

He'd wauken fyles when the knock wad chap,
  An' skirl fae the horn en':—
'Ye louts, ye loons, I've an awfu' yapp,
  Fess plates an' trenchers ben;
An' dinna forget, I've a drooth evenoo
  That could drink the Deveron dry —
An' the mair o' guid ye pit into my mou',
  The mair'll come oot, say I,
    Oh, better for you,
    A king half-fou,
    A hantle, than ane that's dry.'

Weel suppered an' slockit, they'd saiddle him
  On a shalt as' sweer's himsel'
An' he'd ride his realm fae the Rooster's rim
  To the lythe o' the Balloch well;
A' his bodygaird was a fozelin' tyke
  As ready to row's to run —
'I'm a king,' says he, 'I can dae as I like
  An' I'm giein' my fowk their fun —
    "He gar't's a' laugh,"
    Is the epitaph,
    I wad like when I'm naith the grun'.'

When the kingie dee'd ae Lammas mirk,
  His folk made muckle mane,
An' they happit him snod in Walla Kirk
  Wi' this at his cauld head-stane:

'A cheery Craitur's lyin' here' —
  An' they said baith great an' sma',
'He never gar't ane o's shed a tear.
  Except when he wore awa'.'

'Mang heather an' whaups, an' whins an' mist,
  Oh, laughing, lonely hedonist,
  I like to think of you.

THE AUCHT-DAY CLOCK

We've flitted, lad, we've flitted,
  We've left the aul' close mou';
We're tryin' to be gentry,
  Wi' oor gilt an' ormolu,
The hoose is fu' o' bravities,
  An' a' new-fangled trock,
But I'd swap them a' the morn
  For my guid auld aucht-day clock.

I mind on't in the hoose at hame,
  My granny's but-an'-ben;
Her owre-croon mutch aside it sat.
  Her specs an' sneeshan pen;
An' throu' the wee gell winnock aye
  Fu' bonnie mornin' broke,
As I binnered back the bed door
  To see what 'twas o'clock.

The aumry wi' the cheena cups,
  A' spreckled reid an' blue,
The soord that Uncle Willie took
  Bleed-red fae Waterloo —
Were gran' eneuch: the kist o' drawers
  Was nae a' thing to mock:
But ane an' a', they bouket sma'
  Aside the aucht-day clock.

Its canny jow gied throu' the hoose
  Like some laich-chanted spell.
It cried, 'Ye jaud, ye fuged the school,'
  It speired, 'Fa bosied Bell?'

It grat abeen the coffin-lid,
  It timed the cradle's rock
An' the lilts that rang in Eden
  Cam' fae the aucht-day clock.

I'm missin't, losh, I'm missin't;
  The shielin's gane lang-syne;
The braes where eence I wandered
  Nae mair ken tread o' mine.
A far-aff win blaws owre them,
  I'm my lane 'mang fremmit folk,
Since my hinmost frien' has left me,
  My guid auld aucht-day clock.

THE AULD FISHER

I've had my pridefu' meenits
  In my lang pilgrimage,
But when a' is said and deen — It's
  Could I turn back Life's page,

I'd tak' ae bonnie mornin'
  Wi' the sun on lea an' hill
An the soun' o' water churnin'
  Roun' the clapper o' a mill,

An' I'd sit aside my wahnie
  Wi' a deid troot-owre my knee —
But ah! *'labuntar anni*
  Fugaces, Postume.'

MARY SYMON

THE WEDDING
By an Opposite Neighbour

'See, here's the bridegroom, Kirsty,
  I ken him by his breeks,
His chumley-hat and dickey,
  An' the way he bobs an' keeps
Like a hen that's heark'nin' thunner,
  Or a corbie seekin' 's hole
He'll be mirkier at his burial
  Tho' he winna look as drool.

I winner gin they're ready noo;
  There's reek in ilka lum,
An' there's the aul' vricht, he's been in
  To set the table plumb.
Wheest! There's the quarter chappin',
  They'll be a ' here in a briest;
Is that the pock-faced lawyer
  An' his mither? Ay, it's jist.

Humph! Some ane spak' o' gentry!
  Guid saves gin they be a' —
Him stinkit up wi' hair-ile
  That ye'd smell a mile awa',
An' her — a nochty craiter,
  Choke-fu' o' fulsome wile —
But — ay, that's Willie Muncy,
  I thocht I kent the tile:

An' that's his father's weskit,
  I'll bet ye half-a-croon;
I min' his mither tellin' me
  She thocht o' makin' 't doon.
An' there's the lassie Taylor —
  Losh! foo they're steerin' in
They hinna missed a livin' sowl
  Fae Badenoch to the Binn.

Fat wis't the wifie said yestreen
  When spreadin' oot the braws?
I kent she'd something in her crap,
  Wi' a' her hums an' haws;

That Annie's lad had cheated you!
  She hadna't hardly oot
Afore I had her fite's her mutch,
  An' mim's a chokit troot.

I tell ye I was in a pirr,
  'Yon peesweep!' Syne I leugh,
An' when she speired me gin I thocht
  Ae kebbuck was eneuch.
It's growin' dark, come lass, an' edge
  My chair a thochtie ben,
An' lift the screen — But fat's that noo,
  Anither rosten hen?

That mak's a score. I wish I had
  The feathers an' the banes;
But loshy, there's the bride an' groom
  Jist jinkin' aff their lanes.
An' save us! foo he's kissin' her!
  Hoots! dinna licht the licht,
It's mony a day sin' I hae seen
  Half sic a humblin' sicht.

Oh, kiss awa', ere sax month's gane
  Ye'll baith be tired o' that!
Faur are ye, Kirsty? Mercy on's,
  That wasna you that grat?
It wasna. Weel, you're unco short,
  Ye'll better mask the tay;
Ay, there's the bride an' groom: they'll get
  The meen gaun owre the brae.'

THE WAG-AT-THE-WA'

Aul' sconface we ca'ed it, hairst-bap an' the like —
A pictured wi' hoosies, an' bees, an' a bike,
Wi' dosses o' roses meanderin' roon —
Oh! a plenishin' gran', baith for sicht an' for soun' —
The but-the-hoose cheeper had muntins nae mous,
The lever could tell's fan tae yoke an' tae lowse,
O' the aul' kitchy caser we couldna weel blaw,
But losh! we wis prod o' oor Wag-at-the-wa'.

It briested ye straucht as ye opened the door;
Maybe ae 'oor ahin, maybe twa-three afore.
'Bit fiech'! fat o' that?' the aul' man would say,
'A college curriculum's oor time o' day!'
An' tappin' his mullie, he'd stot awa ben,
'Noo, ye see, lads, the han's at the hauf aifter ten,
An' it's new chappit ane — Weel, Greenwich an' me
Positeevely can state — it's a quarter fae three!'
Ay! Logic, Algebra — ye sair nott them a'
When ye set oot to bothom oor Wag-at-the-wa'.

The fun that we'd made o't! The lauchs that we got!
I could tell them a yet, though the greet's in my throat.
. . . Aul' chap, on yer kopje (or is't a karoo?)
Div ye min' the Eel-even, when some ane got fou?
When the reel 'naith the rafters was ill for his queet,
But he'd dance, he could swear, the backstep on a peat;
When wi' little persuasion he sang to the cat,
An' tellt the stuffed oolet jist a' fat was fat;
But to ken foo't a' ended, an' fa bested fa —
Weel I'd need to sub poena the Wag-at-the-wa'.

An' Jean ye're awa' amon' bleckies to bide!
Ye're rich an' ye're gran', an' 'my lady' besides;
But fyles wi' yir fine things an' fair things a' roon,
Will yer een maybe fill, an' yir heart gie a stoor?
As the aul' days come back; the lad at the door,
An' the 'weeshtin', till owre the stair-head come a snore.
Syne, oh! lassie, syne — but I winna say mair —
A' the glamour an' glory o' life met ye there,
An' Heaven cam' gey near to the wearyfu' twa
That kissed their first kiss 'naith the Wag-at-the-wa'.

Ay, we're a' scattered noo, but it's aye tickin' on —
Ye hear't at the dykeside; ye hear't up the loan —
Ye hear't divn't ye, lad? by the lang lippen' seas
That soom by yir doorcheek at the Antipodes.
An' Tam, wi' yir tackets on Ottowa's steep,
What is't that comes back when ye canna get sleep?
Jist the croon o' a burn in a far-awa' glen,
The clink o' a churn, or a fit comin' ben
An' in laich obligato, the lift an' the fa',
The sab an' the sang o' a Wag-at-the-wa'.

Days aifter ilk dawnin' an' nicht aifter e'en;
But there's nae steppin' back owre the gait we ha'e gane;
An' Fate winna huckster, or tell fat she'd ha'e
To lan' me a loon again, doon the aul' brae —
Wi' the lang road afore: wad I bide? wad I gang?
Ah, me! I ken noo, but the kennin's ta'en lang.
. . . Though kind's been the farin', an' crownéd the quest,
For the bit that's gane by me, I'd swap a' the rest.
The braw beild is yonder I set oot tae win,
An' 'Ichabod' 's up or the door I'm weel in.
There was sun on the summit I ettled to speel,
But it's mirk noo I'm up, an' I'm weary as weel.
What's glory? What's gold? A quate heart's worth them a'
An' I left mine langsyne by a Wag-at-the-wa'.

THE CHEERY CHIEL
(After Béranger)

Sour an' dour wis a' the fowk
  At oor toon-en';
Mim o' mou' an' lang o' chowk,
  But the hoose an' ben;
Naething richt, nor oot nor in,
  A'thing aff the reel,
Till, fustlin' as he tirls the pin,
  In comes the Cheery Chiel.

An' foo we blessed the pow o' him
  Anaith the bauchled tile!
An' cheered the 'Hap-an'-Row' o' him
  That gied fae squeak to squile!
At's aul' polonian, losh, we leuch
  Mair than we'd deen sin' Eel.
Ye micht he heard's abeen the Feugh,
  His an' the Cheery Chiel.

He had a hoosie up the loan,
  A strippie rinnin' by,
A fustle that he tootled on;
  In fee, he'd Earth an' Sky,
An' nae a' plack in pooch or pyok;
  But oh! the couthie beil,
A quinie's face aside the knock
  Made for the Cheery Chiel.

He fiddled, diddled, danced awa',
  Fae parischen to toon;
Newsed i' the neuk wi' aul' gran'da,
  Furled totums wi' the loon.
Laughter and love — the kingly wares
  He cairriet in his creel —
He niffer't for oor sabs an' sairs
  The Cheery Chapman Chiel.

Fan nicht cam doon, a' starry, still,
  He prayed his pagan prayer:
'Lord, gie me aye o' Joy my fill:
  Wi' that, I'll seek nae mair;
Aye blythe my fit gaun up the brae,
  An' blythe gaun doon as weel —
At mornin' an' at gloamin' grey,
  The same aul' Cheery Chiel.'

Fu', oh fu' 's the weary earth
  O' fowk that greet and girn:
Nae sowl but has its desert dearth,
  Nae back but has its birn —
An' faur's Nepenthe? Nae in a'
  The priest's, the pedant's skeel.
The wit's wi' him that tholes awa',
  An's aye a Cheery Chiel.

Glossary

a' all
accoont account
adee to do
ae one
aess ash
aff off
affrontit ashamed
agin against
agley off the straight, amiss
aheid ahead
ahint behind
ailin sick, ill
ain own
aince once
aipples apples
airm arm
airn iron
airns earns
alowe ablaze, alight
ane one
anent in front of
aneth beneath
aneuch enough
anse else
antrin occasional, certain
atween between
aucht eight
aul', auld old
Aul Clootie Devil
aumry cupboard
awa' away
awfu awful
aye always
aye yes
ayont beyond

bad asked
bade lived
baggerel worthless woman
baillie cattleman
bairn child
baith both
bajan first year student at Aberdeen University
bakit baked
ban curse
banie bonie
bannock pancake
bar joke, tale
barfit barefoot
barkit filthy, skinned
barritchfu harsh
bass door mat
bauchled worn out
bauld bold
bawbee half penny
bawd hare
beery bury
beets boots
begood began
beild image
belang belong
bellas bellows
Beltane usually 1 May
ben through
bent coarse grass
besom heather broom
beuk book
bide stay, wait
bield refuge
bigg build
biggin building
bigsy conceited
bikk bitch
bile boil
billy lad, man
bin bind
bin humour, mood
binna be not
binner move quickly
birkie lively fellow
birn load, burden
birse bristle
birslin roasting

birze squeeze
blash large draught
blate shy, backward
blaud spoil, injure
blaw blow, boast
bleck black
bledder bladder
bleed blood
bleed-jeelin blood freezing
bleeze blaze, burn
blin' blind
blin' lump boil
blink beam
bluffert windy gust
bocht bought
boddom bottom
bodle small coin of little value
bonnet laird small landed proprietor
boo bow
boodie scarecrow
booet-twa-faul bent double
bool marble
boorach cluster
boord board
boortree elder tree
bosie cuddle
boss empty
bothy common living quarters for farm servants
botham bottom
bouk size
bowie barrel
bowster bolster
braes hills
brae-sett steep
brak break
braw fine, handsome
breckan fern
bree liquor, water food is boiled in
breeks trousers
breem-buss *broom brush*
breengt bustled
breer, i' the sprouting
breet brute
breid bread
breist breast
bress brass
The Broch Fraserburgh
brocht brought
brods boards
broke became bankrupt
broo brow
brookie sooty
broon brown
brose mixture of oatmeal, water, salt and milk
brosy stout
bruckle brittle
bruk broke
brunt burned
bubbly-jocks turkeys
bucht sheep pens
buff nonsense
buik book
buird board
buits boots
bummin buzzin
buroo bureau
busk deck, adorn
buss bush
but-the-hoose kitchen
bye past
byordnar extraordinary
byous exceedingly
byre cowshed

ca' call
ca awa carry on
cadger carrier
caff chaff
ca'in' carting, carrying
cairds playing cards
cairt cart
camsteerie wild, obstinate
can ability
canna cannot
canny careful
cantrip trick, charm
canty lively, happy
carl-doddie ribgrass
carle old man
carritch catechism
cassan faded
cauld cold
cauldrife freezing
caun'le-licht candle-light

caup wooden bowl
caur calves
causey causeway, street
cassey causeway
chack chalk
chappit struck
chaps me exclamation of surprise
chaumer farm servants sleeping quarters
chaw chew
cheepers chicks
chiel man, lad
chilpit chilled
chimblay-cheek hearth
chowk cheek
chraichly-host bad cough
chudder shiver, chew
chunner grumble, mutter
churn butter making machine
claes clothes
clapper wooden rattle
clashmaclavers silly ideas
clatter noisy talk
clocher cough
clod pelt with clods
clog-fit club foot
clook claw
clootie rag
clorty messy, muddy
clour strike
clout cloth, rag
clyack end of harvest
coach pram
cockernony women's hair gathered into snod or fillet
cogue wooden bowl
collogue scheme, plot
connach spoil, destroy
conter'd contradicted
contermashious contrary
coo cow
coonter counter
coonter-louper male shop assistant
coonty county
cooryin cowering
cornkister popular bothy song
cotts petticoats
coup upset, overturn, sell
coup-the-ladle play see-saw
couper dealer
couthy homely, kindly
cower't it recovered from it
cowt colt
crack talk, gossip
cradle-croon lullaby
craft croft
craichly catarrhal
crambo-clink doggerel
cranreuch frost
crap crop
crap crept
crap o' the wa' highest part of an inside wall
cratur creature
craw crow
crine grow smaller
croods an fye curds and whey
croon crown
croose lively, brisk
cuits ankles
curn small amount
cutty small
cwid could
cwyle ember
cwyte overcoat
cyaurd tinker

daachle loiter
dadd strike
dae do
daffin sport, gossip
dagont mild expletive
dam-brod draught board
dane done
danner stroll
darg work, job
dask desk
daur dare
deaved deafened
dee die
deece, deese long wooden settle
deem dame, maid
deen done
dees does
deevil potato digger
deid dead

deid-thraw death throw
deil devil
deistin bumping
deleeriet delirious
dell dig
devaul cease, halt
dhubrack smelt, sea trout in river
dicht wipe
dickie starched collar and shirt front
ding beat
dinna do not
dirdumdree routine
dirl tingle, spin
dirten glower scornful stare
dizzen dozen
dochter daughter
doit small coin
dominie schoolmaster
doo pigeon
dooble-jinted double jointed
dool woe
doon down
dosses adornments
dother daughter
douce kind, gentle
dowie mournful, dismal
dram glass of whisky
drap drop
dree suffer
dreel drill, furrow
dreep hang
dreetle fall in drops
dreich dreary, wearisome
dreid dread
drift snow, drove of cattle
droon drown
drooth drought, thirst
droukit soaked
drucken drunken
dryster man who dries corn
dubs mud
dule sorrow
dung beaten
dunsh aboot bump about
dutch-side ditch side
dwam swoon, fit
dwine pine
dyeuk duck
dyl't worn out with work
dyod exclamation of surprise, 'God'
dyow dew
dyste stamp, thump

echteen eighteen
Eel, Eile Yule
een one
een eyes
eese use
eezins eaves
eident industrious, diligent
elbucks elbows
Embro Edinburgh
emmerteen ant
eneuch enough
enoo now
ense otherwise
ern alder
ettle intend, purpose
evnoo just now
exterornar extraordinary
eyn end
eynriggs end furrows

fa' fall
faal fold
fack *truth*
faem foam
faildyke turf wall
fain eager
fairly certainly
fairm farm
fan when
fash vexation, worry
fat what
fauld sheep fold
faur where
feart afraid
feckless weak, feeble
feedle infield
feel daft, fool
fegs faith!
feich exclamation of disgust
fell very
fell kill
femlies families

ferlies something wonderful, fleas
fess fetch
fey mad
ficher fiddle about
fint found
fir't blistered
fish-hake frame for hanging fish
fit foot
fit, fut what
fite white
fiteiron tine-plate
flair floor
flech flea
flee fly
fleg scare
fley'd afraid
floo'r flower
flypit flayed
fob pant
foggie bee yellow bumble bee
foggin well off
foo how
fooge cheat at marbles
foonert foundered
forbye except
forcey over-keen
fordl't prepared in advance
forfochen tired out
forrit forward
found foundation
fow throw
fower four
fozelin wheezing
frae from
fraucht load
freen friend, relative
freit charm, superstition
fremmit foreign
froon frown
fu' full, drunk
fuged cheated
fulpie puppy, whelp
funn whin
fur furrow
furligorums whirligigs
fushion strength
fuskert bearded, whiskered
fusky whisky
fusome unpleasant
fut what
futlie-beelin whitlow
futtle whittle
futtrat weasel, ferret
fyaacht stress
fykie difficult
fyle(s) while, sometimes

gaed went
gairten garter
gait road, distance
gallivantin jaunt, go about idly
ga'le gable
gang go
gangrel vagrant, tramp
gant yawn
gapit gaped
gar make
gart made, caused
garten knitted garter
gean wild cherry
gear property, wealth
geet child
gell winnock gable window
gey very, wild
ghaist ghost
gie give
giff-gaff mutual services
gin if
girn weep, complain
girns snares
girss grass
gizzent dried up
glaiket stupid, oafish
gled glad
gleg clever
gley squint, glance
gloaming twilight
glower scowl, frown
glumsh sulk
gock stupid, fool
golloch earwig
gollop gobble
gomeril fool
goon gown
gorbell't when partially formed bird in egg
goup stare

Govie Dick euphemistically, God
gowan-reet daisy root
gowd gold
gowk cuckoo, fool
gratten wept
grauvit scarf, cravat
green long for
greep central passage of byre
greet weep, moan
grieve overseer, foreman
groff-write large text in handwriting
groo, grue shudder
growthe weeds
grun ground
grunny grandmother
guizards mummers
gully large knife
gundy candy, toffee
gurly bitter, stormy
gushet corner
gussie young sow
gweed good
gyad exclamation of disgust
gyaun going
gypit foolish
gyte stupid, daft

ha' hall
haar cold mist
habber stammer
hach clear the throat
hackit chapped
haddie haddock
hae have
haffits temples
haggert cut
haim part of harness
hain save
hairse hoarse
hale whole
halflin half grown youth
halla hollow
hame home
hame-owre homely
han' hand
hantle great many
hap cover
harns brains
harra harrow
hash hurry
haud hold, keep
haughs level ground beside a stream
havers nonsense, foolish talk
hedder heather
heely softly
heelster-gowdie head over heels
heerican hurricane
heest hasten
heid head
hemmer hammer
herrie rob
he'rt heart
het hot
hey hay
hie high
hine, hyne far
hing hang
hinmost last
hinner hinder
hippens nappies
hirple limp
hives skin spots, feverish attacks
hiz us
hizzyskip housekeeping
hoast cough
hodge move awkwardly
hogg pig
hoo how
hooer whore
hooie exchange, barter
hoolet owl
hoose house
horny golloch earwig
hotterin seething
howdie midwife
howe hollow, valley
howkin digging, prodding
howp hope
huddry shaggy
hullicks heaps
humfin carrying
hunker-banes haunch-bones
hunner hundred
hurdies haunches
hurl drive
hushelt dressed carelessly

hyowe hoe
hyowin hoeing
hypothec concern
hyste raise

ile-cake linseed cake
ilk each
ilka every
ill-faur'd ugly
ill-gittit niggardly, evilly disposed
ill-teen bad humour
ingans onions
ingle hearth, fireplace
ingyaun cost of entry to a croft

Jaicket jacket
jalouse suspect, guess
jaud jade
jimp small, neat
jined joined
jist just
joogies jugs
jook dodge
jorum big drink
joukery-pawkery trickery
jow ring, toll
jowk duck, evade

kame comb
kebbuck whole cheese
keek look, glance
ken'le kindle
ken know
kent known
kep catch
kink-hoast whooping cough
kintra country
kirn churn
kirnin working messily
kist chest, coffin
kist o' whistles organ
kitchy relish, whatever season's bread
kitlin kitten
knock clock
knowe knoll
kyaard vagrant, tinker
kye cows
kypie hollow

lade canal carrying water to mill
laich low lying
lair section of peat moss
lame broken pieces of earthenware
lane alone
lanesome lonesome
lang long
lappers curdles, covers
larick lark, laverock, larch
lauch laugh
lave rest, remainder
lawin reckoning
leam gleam
lear learning
leear liar
leems pieces, fragments
leiden leaden
leuk look
ley grass land
lichtlify treat lightly
licket punished
lift sky
limmer rascal, worthless woman
lippen trust
list enlist
livrock lark
loanin lane, paddock
lochan small loch
lood loud
loon boy
loot stoop
loshtie exclamation of surprise
loup leap
lowe light
lowse stop work
lugs ears
luik look
luiking-glass mirror
lum chimney
lum hat top hat
lunt smoke
lythe shelter

maasie jersey
maen moan
maet food
mair more

mairret married
mairt mart
maist most
maister master
mant stammer
marle mottle
marra match, equal
mask infuse tea
maun must
maut malt
mavis song thrush
meal oatmeal
meal-an-ale celebration after the grain is cut
mear mare
mebbe maybe
meenit minute
meenlicht moonlight
meneer fuss
men't mended
mey may
midden dunghill
mim-like prim
min man
mind remember
mirk gloom, darkness
mither mother
mizzer measure
mochy muggy
moggens stocking feet
moil drudgery
mool soil, soil for a grave
moont mount
moose-wobs cobwebs
morrow equal
mou' mouth
moulter miller's fee
mous joke
mowdieworts moles
mowser moustache
muckle large, much
muckle-furth great outdoors
mucks cleans
muir-cock moor-cock
mull mill
mull snuff-mill
mune moon
muntins mountings
murlacks crumbs
mutch woman's cap
mutchkin a liquid measure
myaakins hares

nab catch
nae not
naething nothing
nane none
neb nose
neebour neighbour
neeps turnips
neeper neighbour
neist next
Nepenthe sorrow-lulling drug
netteral half-witted person
neuk corner
nib nose
nicht night
nickum little devil
niffer barter, exchange
nirlt shrivelled
niver never
nocht nought
nochty puny in size
noo now
nott needed
nowt cattle
nyackit naked, bare
nyatter complain, chatter

onding downpour
ongaun activity
ony any
'oo' wool
oolet owlet
oolt-lookin cowed
oonchancy unpredictable
oorlich miserable creature
oot out
ootlin alien
orra rough, untidy
orra-beast odd-job horse
orra loon odd job boy on farm
owre too
oxter armpit

pair, pairie pair of horse
pairtrick partridge

parritch porridge
paumer wander
pawky shrewd, sly
pech pant, breathe hard
peel pill
peel pool
peer poor
peesweep lapwing
peety pity
Pess Easter
pey pay
pick mirk pitch black
picter picture
pints boot laces
pirlie money box, anything small
pirr flurry
pit put
pitcher aiming marble
piz peas
plack small coin of little value
plenish furnish
ploo plough
plooman ploughman
ploy escapade, frolic
plyterin puddling
polonian person dressed in old-fashioned clothes
pooch pocket
pooerfu powerful
poopit pulpit
poor pour
pooshan poison
postie postman
pow head
powet tadpole
powk poke
preen pin
prig plead
prood proud
pu' pull
pucklie little, small amount
puddock frog, toad
puir poor
pyke pick
pyok bag
pyooch cough

quaet quiet
quake heifer
queel cool
queets ankles
queyn girl
quine girl

rackit strained
ragie raging
raik rake
raivel tangle
rale real
rant romp
rapit roped
raw row
rax stretch, strain
ream cream
redd clean, clear
ree chicken enclosure
reek smoke
reeshle rustle
reets roots
reid-luggit red-eared
reist roost, bank up
reive plunder
reuch rough
richt right
riddel sieve
rift belch
rig drill
riggin roof, ceiling
rime fog
rin run
rine rein
ripe rob
riven worn
rizzon reason
roch rough
roon round
roset foun' resin base
rosit resin
rottan rat
roust rust
roust roar, bellow
rout bellow
rowan mountain ash
row turn, roll
rowth abundance
royt wild, mischievous
ruck rick, stack
rugg pull

rumgumption common sense
runkled ruffled
runt dry, hard plant stalk
rynes reins
rype search
ryve tear assunder

sab sob
sae so
saft soft
sain bless
sair sore, hard
sang song
sanshach wily
sark shirt
saugh willow
saumon salmon
saunt saint
saut salt
sautie-bannocks oatmeal pancakes
saw sow
saxty sixty
scabbit scabby, sore
sclarried daubed, smeared
scoor slap, clear
score twenty
scorie-horn't calloused
scraap scrape
scrauch screech
scrunt stunted
scud foam
scull wicker basket
scunner disgust
scutter mess, work awkwardly
seama seagull
seegt nagged
seen soon
seggit sagged
seggs yellow iris
ser't served
seyven seven
shadas shadows
shak' shake
shakers nervous tremors
sharn cow dung, dirt
shauchlin shuffling
shauvin sown
shaw grove
shaws stalks of potatoes
sheda shadow
sheemach mess of hair
sheen shoes
sheet shoot
sheiling cottage, summer pasture
sheltie shetland pony
shillans grain with husks removed
shiltie shetland pony
shoodrun shouldering
shoogley shaky
shoon shoes
shoory showery
shortsome lively
shrood shroud
shuit suit
sic such
siccan such
sicht sight
sidelins sideways
siller money, silver
simmer summer
sizzon season
skaalie slate pencil
skail spill
skaith damage, injure
skeel skill
skelp hit, chastise
skelpin on hurrying
skeppit worked among bee hives
skimmer ladle for skimming milk
skimmerin thin skin
skirl scream
skirpit spattered
sklater slater
sklim climb
sklyter expanse
skookit skulked
skreich screech
skum skim
skushlin shuffling
skweel, squeel school
skweengin scrounging
skyte slide
slae slow
slater wood louse
sliver slaver, slobber
slocken quench

sma' small
smarach swarm
smiddy blacksmith's shop
smoor smother
smuchterin smouldering
sna' snow
sneeshan-pen small spoon for taking snuff
snek sneak, lock
snib lock
snod neat
snood ribbon, headband
snoot nose
snytit stunted
socht sought
sojer soldier
soo long stack of straw or hay
soo sow
sook suck
soople supple, glib
sooter shoemaker
sough sigh, sing
soun' sound
sorra sorrow
soss mess
sowderin soldering
sowens dish of soaked husks of oats
sowf hum
spainyie cane
spak spoke
spang leap
spate flood
speen spoon
speir ask
spiel climb
spik speak, talk
spleeters spillings
spleuchan pouch
spoot spout
sproot sproot, grow
sprots rushes
spunk courage
spunks matches
squile squeal
stang stung
stannin standing
starns stars
steek shut
steel stool
steen-chackert stone-chat
steer stir
stem-mull steam driven threshing mill
stew dust
steyter stagger
stilpert long-legged
stilts plough-shafts
stink smell
stirk steer, stupid man
stobbies thorns, bristles
stook stack
stoor dust
stot bullock
stotter stumble
stoun throb
stoup stupid
stoupet furnished with posts
strab piece
strae straw
straik smooth over
strappin handsome
strath valley
straucht straight
stravaigin wandering
streen yesterday evening
stroup spout
strushil slovenly
styoo dust
styter stagger
sumph simpleton
swack lively, supple
sweel swill
sweer, sweir unwilling, lazy
swick cheat
swigget swung
swingletree wooden yoke to which chains are attached for pulling farm implements
swippert quick, speedy
swypin sweeping
swyte sweat
syes strains
syne since, then
sypin seeping

tack lease
tae toe

ta'en taken
tag strap
taings tongs
tansies ragwort
tap top
tappit crested
tapsalteerie head over heels
tasht damaged
tattie potato
tchach exclamation of disgust
ted youngster
tee too
teel tool
teem empty
teet quick glance
tent notice
term-time Whitsunday: Martinmas
teuch tough
teuchat lapwing
thackit thatched
theek thatch
theets chains, traces attaching horse to implements
thocht thought
thole endure
thooms thumbs
thow thaw
thowless spiritless
thrang busy
thrapple wind-pipe, throat
thrashel threshold
thraw twist, turn
thrawn stubborn, reluctant
threep argue
threid thread
thrissle thistle
throwder untidy
ticht tight
timmer wood
tint lost
tirravee commotion
toom empty
toon town
totum small top
toun farm
towie rope
trachle struggle
travise division between stalls
treetlin trotting
troch trough
trok bargain, trash
troot trout
truff turf, peat
trump Jew's harp
tryst meeting, decoy
twa two
twal twelve
tyangses tongs
tyauve struggle, strive
tyke rough fellow

ull ill
umman woman
unca uncommonly
usquebae whisky

vraithe wraith
vrang wrong
vratch wretch
vricht wright
vrocht wrought, worked

wa wall
waal well
wad would
waefae woeful
waff whiff
wag-at-the-wa' clock
wa'gyaan waygoing
wahnie wand, fishing rod
wale select
wallochin tumbling
wame stomach
wanworth worthless person
wardle world
wark work
warstle wrestle
wast west
watergaw rainbow
wauch ill-tasting, stale
wauken waken
waur worse
wean child
wecht weight
weedom-man widower
weel well
weel-a-wat indeed

weel-faurt handsome
weepies ragwort
weesht quiet
weet wet
weird fate
weskit waistcoat
wether sheep, castrated ram
wey way
weyvin weaving
whaup curlew
whaur where
wheen quantity, few
whiles sometimes
whin gorse, furze
whummle overturn
wid wood
widder weather
widin wading
wimple ripple, meander
win get, reach, succeed
win-cairdit combed by the wind
windy window
winner wonder
wir our
wisp bunch
wizzent shrunken
worth weak
wraith ghost, apparition
wrang wrong
wud wood, mad
wunna will not
wye way
wyme belly
wynd narrow lane
wyte fault, blame
wytin waiting
wyver spider

yaavin barley bristle
yammer chatter, lament
yapp hunger
yark push, blow
yark strive, work hard
yarp complain
yeel yule
yer your
yersel yourself
yett gate
yird earth
yirlin yellow hammer
yirn curdle
yoke harness, set to work
yont beyond
youkie itchy
yowe ewe
yowie fir cone

Index of First Lines

INDEX OF FIRST LINES